日本史籍協會編

廣澤眞臣日記

東京大學出版會發行

例言

廣澤眞臣は山口藩士柏村安利の第四子、天保四年十二月萩城下に生れ、弘化元年出でゝ波多野氏を嗣ぐ。軀幹長大、人と爲り温雅、文武兩道に達す。文久二年江戸に祗役し、三年二月藩世子に從ひて京都に駐まる。五月勅を奉じ外艦を馬關に擊ち、高杉晋作と倶に軍議を掌る。元治元年征長の師起るや、俗論派の陷擠に遇ひ下獄せしも、慶應元年二月赦されて政務役となり、內命により姓名を廣澤藤右衛門と稱し、尋で兵助と改む。十一月廣島に使し、幕府の大監察永井尙志と應接し國情を辯疏す。幕府再征の師を發するに方り、國論を一致して之に抗す。慶應三年薩土の諸士と討幕の議を決し、十月密勅を賚して國に歸り藩主に達す。偶々將軍政權を奉還し、十二月九日復古大號令の渙發となる。眞臣乃ち上京、新政創始の際徵士參與に任じ、海陸軍務掛、內國事務局判事等を兼ね、明治二年四月民部官副知事に進み、七月參議となる。九月朝廷復古の功を賞し、眞臣に永世祿千八百石を賜ふ。實に木戶孝允・大久保利通と相並んで藩國出身維新功臣の翹楚たり。四年正月八日夜、東京の邸に在り、刺客の手に罹りて殪る。時に歲三十九、卽日勅して正三位を贈られ、嚴に賊を索む、遂に得ず。

本書は眞臣の自筆に係る日載及び備忘錄を收む。兩者は其内容の一部重複の點ありと雖も、之によりて眞臣が維新の樞機に參畫せる事情を詳知するを得べく、洵に重要の史料たるを失はず。仍ほ原本所藏者たる廣澤伯爵家が、本書の刊行を快く許諾せられしは、本會の深く感謝するところなり。

昭和六年十一月

日本史籍協會

例言

廣澤眞臣日記

目次

目次

廣澤眞臣日記

（表紙）「文久癸亥四月

日載　　　直温」

癸亥〇文久三年

〇四月七日雨

一若殿様被遊御参　内次第左之通り

一松平長門守参　内鶴間著座

一傳奏出會長門守自分口上被申述傳奏退入言上之後更出席告可有御對面之由

一出御之後傳奏鶴間出席誘引小御所　取合廊下北方著座

一長門守自分御禮貫首申次於廂被拜
龍顏
一長門守於下段　天盃頂戴
一關白殿於麝香間被謁
一於鶴間御禮申述退出
以上
昨年來勤　王之志相勵周旋之段
叡感不斜候今般父宰相所勞且爲自國防禦歸國相願候段　御遺憾被
思食候得共一先願之通被　仰出候猶亦
叡慮貫徹候樣周旋可有之　御沙汰候事
一右前條御參　內之譯を以て別段　御太刀御拜領被　仰付候事
〇四月八日　晴
一石清水に

行幸に付御道筋御小休其外爲見合內田五郎左衛門其外差越候事
○四月九日　晴
一御用有之河原邸江行
○四月十日　晴
一儲公　御供奉に付晝ゟ河原邸へ御出之事
一行幸御道筋御警衛御請場淀大橋向ゟ八幡山下迄口々要路三ケ所江二小
隊稽古人數一隊共被差出今日ゟ出張
一御供奉於八幡御供代之面々身柄初今日ゟ同所御休所瑞泉庵江出張
○四月十一日　曉
一曉八ツ時之御供揃に而一應御參　內御前列江被成御附朝五ツ時過き
鳳輦御出幸被爲在夜五ツ半時石淸水
御著幸　儲君には瑞泉庵江被成御折《マヽ》相之事
一前列に列候松平紀伊守樣松平內膳頭樣宗對馬樣上杉彈正大弼樣御家來

一橋卿後列松平讃岐守様外に水戸餘四麻呂様
一儲公　朝六ッ半時瑞泉庵御立今日は列候御列に拘らす御晝休所城南宮迄御出候様列奉行ゟ達有之淀御小休夫ゟ城南宮にゐ御見合相成候
○四月十二日　晴
一儲公　朝六ッ半時瑞泉庵御立今日は列候御列に拘らす御晝休所城南宮迄御出候様列奉行ゟ達有之淀御小休夫ゟ城南宮にゐ御見合相成候
鳳輦晝九ッ時前彼宮
御入被爲在夫ゟ御列附にゐ夕七ッ時過き
御還幸直樣列侯方御參　內御迎相濟御禮被仰上御退出夜五ッ時河原邸
被成御歸殿候事
一御警衞稽古人數一隊幷小隊二隊
御還幸之節御跡固め仕直樣　儲君御供にゐ歸る
一御供中幷御警衞人數上下共於河原邸御酒頂戴被　仰付候事
一昨十一日玄成嫡子赤川玄櫟嫡子御著之節御手廻組被相加御匕醫格被
仰付

儲君被成御附りマヽ被　仰付候事
一昨十一日長嶺内藏太御國ゟ歸著幷飛脚來る
○四月十三日　晴
一儲公昨夜河原邸御一泊之處今夕被遊御歸館候事
一御國ゟ著候五日立之飛脚到來
○四月十四日　晴
一於御國蠻夷掃攘一件御決定に付其外
御前會議有之
靱負殿左之通被仰渡
一銀五枚無歩引
波多野金吾
右
若殿樣御滯京に付不容易令心配且御參　內及三度御首尾能被爲濟候付

被成御祝一ッ書之通於于時拜領被　仰付候事

一神村齋宮奥番頭被差替御國被相下候段後使香川半助御目付被差替奥番頭格被　仰付

儲君被成御附候段被　仰渡有之

一來る廿日當京都　御發駕御內定相成

○四月十五日　晴

一儲君早刻ゟ御供揃に而御用召に而殿下江御出晝過き御歸殿

一此內御參　內御友中御拜領　猶　石淸水行幸御供奉無御滯被爲濟萬端能恐悅に付今夕京都御徒士中於御前御酒頂戴被　仰付足輕以下江も被下候事

一毛利伊《マヽ》雲家來服部良輔事兼而文學令出精諸人之益にも相成ものに付出格之

思召を以御序之節

御目見被　仰付候段御伺濟及沙汰

○四月十六日　晴

一赤間關出張左之通

久坂玄瑞　山縣甲之進　天野淸三郎

冷泉雅太郎　井上市之進　山田市之助

佐伯梅太郎　弘勝之助　岡田半藏

瀧彌太郎　瀧鴻太郎　山縣初太郎

今野熊之允　入江九一　山縣小輔

馬島甫仙　浦內赤根幹之助

御藏元同　地方組

初之進　和作

芳左衛門　千吉

少祿　十之丞

熊二郎　原六郎
彌四郎

山下組　來栖組
榮太郎　英熊
虎之助　山平

右此度攘夷御一決に付急々御國罷歸赤間關出張仕度心願之趣申出候に付被遂御許容御國被差下候事

一朝六半時之御供揃にて學習院御出被爲在趣等□昨日
殿下より　御沙汰之通依
仰左三ヶ條御氣附被　仰出
　攘夷之策　海防之術　國是之見込
右相調學習院之處俄之御參　內にて被仰上候事外に攘夷期限被　仰立

○四月十七日　雨

一儲公於曼珠院宮において水戸餘四麻呂樣宗對州樣山內兵四郎樣水府武
田耕雲齋先生御集會相成る
○四月十八日　晴
一又々赤間關出張人數左之通

栗屋直次郎　岡部富太郎　萬田市之進
佐々木謙藏　世良壽次郎　齋藤新太郎
石川幹之助　石川小五郎　幸坂多仲
岡部繁之助　木梨助太郎　齋藤松八郎
吉田虎尾　須藤權之進　三宮小備後
右歎願一昨日十六日之通
外に
福原文四郎　布施小次郎
右御供にて歸萩之上同斷

中谷茂拾郎　石部祿郎

右御國ゟ同斷

一右是迄御供中より罷歸候節□□□□□□□（蝕虫）金三百疋宛拜金被　仰出候事

一夜俄之御參　内可有之哉内沙汰有之其後野宮殿ゟ呼出に付小倉宗右衛門罷出候處御用有之學習院御出被爲在候樣との御事に候處御所勞に付浦靱負殿清水清太郎罷出候處此度一橋卿東下に付攘夷戰爭之爲實檢三條中納言姉小路少將一旦東下懇願如何可仕哉御氣附明早朝迄に被仰出候樣との事

一來る廿日御暇被仰出御發駕御願之通被仰出左之通りに被仰立之筋有之御下問も可有之に付可然御家來被殘置候樣との御事

一大樹公御參　内下坂御暇乞之由申事

一御用有之河原邸ゐ行翌未明歸る

一御親兵當分引當として京都詰被　仰付候面々左之通

内藤孫次郎　飯田竹次郎　兒玉國之輔
河村秀右衛門　賀屋主税　南部直之進
諫早作次郎　佐世八拾郎　木屋又八
有地範輔　繁澤泰吉　方野虎之助
牧野梅三郎　馬屋原確助　弘作之丞
梶山康三郎　伊木勢三郎　小笠原□□（虫蝕）
杉浦藤太　津野仙太郎　村原新八
湯川庄藏　立石□□之進　井原小太郎
久芳昌五郎　平田邦彦　内藤千次郎
村木素之進　兒玉友之允　村田兼輔
小泉彌一郎　原祿郎　佐藤正作
靱負龜太郎　弘新二郎　弘才藏

宍戸吉次郎　國領節三　粟屋恒五郎
山縣九右衛門
九右衛門　御諸士係被　仰付候事
○四月十九日　晴
一御用召に付
儲君　禁中集會所ニ御出直様殿下其外爲御暇乞御廻勤之事
○四月二十日　晴
一一橋卿閣老之外御廻勤相濟書　御歸殿被遊候事
一對州侯爲御暇乞天龍寺御出之事
一儲公二城御呼出之儀大御目付岡部駿河守殿ゟ來翰に付右御用有之河原
邸行騎馬にゐ急速報復
一夕八ッ半時卽刻御供揃にゐ二城御出於黑書院
大樹公御目見被爲在御懇之上意左之通被仰聞候由尤閣老參內中にゐ御

若年寄取合有之猶御三度御取分頂戴等被爲在萬端御手厚被曳請有之由
其方父子共家來迄昨年來公武御間柄御周旋致誠實候に付追々情實も
相達令滿足候猶此上益
皇國泰平之計可運深慮候且又攘夷期限も近日に迫り候事故是又一致
之心力被盡御國威益相立候樣策略之儀何事にても無心置可申聞候事
一昨十八日一橋願書左之通
此度東下に付奉願候者攘夷之一擧は多年被爲惱
宸襟候儀に付應接戰爭之情實親く奉入
叡聞度候間三條中納言姉小路少將儀昨年爲
勅使下向之事にも候間一同東下實檢被　仰付候樣致度此段奉願候以上
四月十八日　慶喜
殿下

ヒヤシ右ヶ條に付急々御用觸御問下有之翌朝御答言丈申候事
一儲公御下向來る廿日被遊
御發駕度之處如御願の被仰出候付御發駕被仰出候事
但急場御發駕被仰出於諸向ゟ自然可爲湊も不少依之御延引明後廿一
日御發駕被仰出候事
○四月廿一日　晴
一儲公益御機嫌克朝四時
御發駕被爲在夜五時過郡山御著泊
一大和彌次郎此度岩國樣御上京に付御旅中に爲御伺御内使者被差越直樣
徳山御待請被仰付候事
一麻田今朝出足御國歸る
一大樹公此度攝城御出張に付今朝六ツ時御供揃にゟ
御發駕城州石淸水社に

御參詣同所橋本より淀船
御乘船御歸坂之事
○四月廿二日　晴
一朝五ッ半時郡山御發駕夕六ッ時前西ノ宮ニ御著泊
一池田信濃守樣御相宿之處御氣分相之由にて兵庫ニ御越立相成候事
○四月廿三日　晴
一夕四ッ時西ノ宮御發駕夜五ッ時兵庫御著泊
一先達て　石淸水
行幸御供奉無御滯被爲濟被成御祝於于時壹ヶ月御仕立米被就御氣分京
都御一件方ゟ還り來昨日於西之宮渡方相濟
一兵庫御宿割一件御本陣掛合故障有之佐世彥七差越候事
一北條瀨兵衞大坂ゟ此度御借船一件御用意爲御伺著之事
○四月廿四日　晴

一御座船庚申丸に行
一佐久間佐兵衛□《蝕虫》島爲兵衛□《蝕虫》部鐵屋滯留に付爲御用談行
一今日御滯之事
一明廿五日御乘船被仰出候事
一國島直之進爲御用使御國ゟ來る
○四月廿五日　晴
一御貳度御乘船被爲濟候事
一京都御國に之飛脚差立候事
一大樹公昨廿三日攝淡紀海岸御順見に付爲
勅使姉小路少將樣昨廿四日御下坂にて今朝蒸氣船にて安治川口ゟ天保
山因州御請場臺場夫ゟ海岸御順見被爲在夕七ツ時過き兵庫御著岸今曉
御本陣衣笠方御止宿
一土肥長三藩ゟ爲御警衛壯士者宛《脱アルカ》差出候樣三條樣ゟ御達有之淸水淸太

郎山縣九右衛門佐世八拾郎福原乙之進村田良輔湯川庄藏列外桂小五
郎佐々木男也御供にゐ小五郎緩々相對左之通承る
一來る廿三日攘夷期限之處延引にゐ來五月十日掃攘日限決定し御請幷
列藩ゟ早々布告いたし可申談
大樹公御請相濟
一右期限延引之次第言上共二通寫相調幷獻金一條之事共　儲公御座船
及持參委曲申上置候事
勅使蒸氣船々將勝麟太郎にゐ追々海防其外御尋有之候由
勅使浪華城ゟ御出大樹公御逢にゐ攘夷期限早々列藩ゟ布告之段催促
有之由
一御供一達無滯夜六ッ時迄乘組相濟候事
○四月廿六日　陰東風
一曉八ッ半時一番砲發七ッ時貳番同半時三番砲發數發

御出帆無滞相濟御供船順々押出し順風にゅ薄暮讃州小豆島ニ碇泊道程貳拾五六里云々
○四月廿七日　晴間西風
一未明小豆島出帆逆風間切夜六ッ時過き讃州川島へ泊す海路拾里位と云
○四月廿八日　晴西風
一朝六ッ半時澁川島出帆同四ッ時午島に泊す海路十里と云
○四月廿九日　晴夕北東風夜雨
一朝五ッ時過き午島出帆
御座船ニ爲　御伺出
御目見被　仰付猶緩々御咄等被仰聞御酒頂戴晝前自身船に歸り夫ゟ順
風薄暮鞆港に泊す
海路十七八里と云
○五月朔日　陰北東風

一未明鞆浦出帆夕七ッ時ヨ州鼻操瀬戸碇泊海路拾壹里と云
○五月二日　晴西風
一朝五ッ時鼻操出帆夕六ッ時御手洗ㇸ碇泊す海路七里と云
○五月三日　晴西風
一朝五ッ時ゟ獵船にㇷ御座船見請として岡室口ㇸ出御用有之乗組相濟晝九ッ時御手洗ㇸ歸り夕八ッ半時御手洗沖御通船に付御供いつれも出帆薄暮相島碇泊海里七里位と云
○五月四日　陰晝後雨東風
一曉七ッ時相島出帆夕八ッ半時大島郡沖家室に碇泊同七ッ御急き同所出帆夜九ッ時過室津碇泊海路十五里と云
○五月五日　雨東風
一朝六ッ半時室津出帆晝九ッ時德山著岸早速揚陸引請役人相對御待請振其外申合候事

一前田楠右衛門中村九郎過る朔日より當徳山出張に付相對
一御座船庚申丸御召替癸亥丸共申之刻當德山御安著
儲君御機嫌能御揚陸御小休所々被成御折合夜五ッ時過きゟ御住居ぃ被
成御出兵庫頭様ぃ御相對被爲在九ッ半時過き御小休ぃ御歸り
○五月六日　晴
一今日當德山御滯四ッ時御供揃にぉ大機院御參詣夫ゟ
八重姫様御相對被爲濟御住居ぃ被成御出兵庫頭様淡路守様平六郎様御
相對御盃合□（蝕虫）被爲濟夜八ッ時御歸館之事
一昨五日御著驛爲御注進飛脚差立る
○五月七日　晴夕雨
一朝五ッ半時之御供揃にぉ德山御發駕夕八半時三田尻御著泊
一越氏塾御再遊初ぉ之御下向に付御順見被爲在文武修業之諸士中ぃ於講
堂御目見御意有之

○五月八日　陰昼晴

一昨七日於三田尻庚申丸癸亥丸士官中御目見被　仰付於　御前御酒頂戴被　仰付候事

一今朝五ツ時之御供揃にて三田尻御発駕夕八ツ時山口御著駕泊

一殿様先達已来御湯治之御唱にて当山口御滞留に付直様御住居所茶屋へ被為入緩々御相対有之薄暮御本陣山田七郎右衛門方ゟ御帰館

一益田弾正殿福原越後殿滞山口

一明九日一同当山口御滞被仰出候事

一毛利将監殿海寇御手当御引請上ノ関辺出張に付今日山口止宿に付為御伺被出候事

一去月十五日高須平七其外大罰有之候段承知也可恐々々

一儲君御前詰弐拾人被仰渡有之

○五月九日　陰

一今日山口御滯留之事

○五月十日　晴雨相半

一朝五ッ時御供揃にて山口御發駕夕七ッ時明木御著泊

一過る三日京都出足之飛脚吉太郎孫右衛門當明木迄歸來る同二日朝
勅使姉小路殿御歸京岩〔マヽ〕野樣同夕洛西天龍寺御著之由

○五月十一日　晴

一朝五ッ時御供揃にて明木御發駕御機嫌能晝九ッ時一新
御殿〔益田彈正殿〕御發駕被遊奉恐悅靱負殿上總殿其外御供中無異議御供著身
柄同斷之事

○五月十二日　晴

一此度官制御改革に付
新宮附御小姓木原又右衛門乃木隼雄岡部行馬指金半兵衛原田豐飯田□

之助被成御願其外直にゐ夫々役附被仰渡
一德山世子樣今日御出萩
○五月十三日　晴
一過る十日夜於赤間關米利幹商艦壹艘渡來に付旣に醜虜掃攘期限に付庚申丸癸亥丸貳艘ゟ及打攘盛擧愉快々々彼地ゟ岡部繁之助山縣甲之進山縣初三郎爲御注進昨十二日曉天來る
○五月十五日　晴
一記錄所之中名目
朝廷江對し御憚有之被廢止候事
一新宮番長に藤井一學奉役候事
同人大和彌次郎番長御裏老出頭人兼帶被　仰付候事
一壬戌丸出帆赤間關出張
○五月十七日　晴

一儲君御實兄健助祖父梁田駿河過る十五日致病死候段届有之申上る
一長府徳山兩世子新宮江今日御出有之
一急御用召有之政事堂出候御目付居合無之候付御用延引明朝出候樣との事

〇五月十八日　晴

一昨日之御用延期にゐ政事堂罷出候處左之通備前殿被仰渡也
波多野金吾
右被成
御意候其方事是迄之御役被差替御藏元役助役被　仰付候條被遂其節候此段可申渡旨之事
一是迄之御役新御殿手元役之儀は桂與一右衞門現勤被　仰付候段被仰渡候事

〇五月二十日　晴

一新御殿御前會議有之靱負殿幷山宇天謙竹正益讓北源身柄一同罷出る尤
政治堂御用掛之事
一昨十九日内役佐久間佐御政務主坐中村文山口出役
○五月廿三日　晴
一昨廿二日曉七ッ時佛蘭西蒸氣商艦壹艘長府沖ニ暫碇泊辰上刻上筋ゟ赤
馬關瀨戸ニ乘出し候付兼而之相圖を以長府御同勢宣次郎殿一手光明寺
其外有志輩庚申丸癸亥丸兩軍艦等より數發打拂拾發程的中醜虜よりも
四發打出味方怪我人無之彼れバテイーラ壹艘奪取終に逃去候事
右爲御注進佐々木次郎三郎馬屋原武熊熊野藤右衞門來る
一昨廿二日
新御殿御小納戸ゟ左之通拜領
一金壹兩　　　　　　　　　　　　　　　波多野金吾

右此度

御下向之節別而遂苦勞候付御內々被下候事

一來栖金並之儀秋村十藏より筆頭に被仰付候事御手廻所ゟ御沙汰有之

○五月廿五日　晴

一御前樣山口御引越被遊候事この外上々樣追々同斷

○五月廿七日　晴

一昨廿六日辰之刻過き赤馬關におゐて上筋ゟ阿蘭陀蒸氣軍艦壹艘通過に付例之通海陸共兼而御手組之通一同數十發打攘貳拾發程的中彼賊船よりも貳拾發餘打也庚申丸軍艦幷繋船之商船壹艘土藏町家壹軒□的中候へ共怪我人無之尤掃攘此度にゐ及三度候中にゐは隨分大戰爭愉快にゐ右之趣昨夜半ゟ曉迄に檢役其外有志輩共及御注進候事

一夕九ツ時過き俄に卽刻之御供揃にゐ　儲君赤馬關御出張直樣山口御引越之筈候事

○五月廿八日　晴

一根來上總殿御手廻頭ゟ　新御殿附被差替被任老中御加判被仰渡山口政事堂にて也

○五月晦日　晴

一福原與左兵衛矢倉預人奥平數馬御勤務江都江出足

○六月朔日　晴

一於關馬間中島名左衛門斬死

○六月二日　晴

一今曉馬關ゟ注進例之通有之趣は昨朔日正午上筋ゟ米夷蒸氣軍艦壹艘襲來壬戌丸庚申丸發實丸候間を通往來兩度發砲尤此方にも海陸共打拂候得共何邊駿速駈通又々本筋御出實に庚申丸沈沒壬戌丸數發被打拔湯釜被打敗マヽ水夫五六人即死有之其外士官共無事候得共此方には　儲君小郡迄彼地ゟ御乘船と申折柄にて少々手筈逢兼隨分海陸共打出候得共醜船

不及沈沒切歯之至實可悪殘念無量々々俄に政事堂被差建出勤夕七ッ時過歸る

一前章之趣にて以下欠ヽ

（表紙）
「第一
丁卯十二月十八日より

備忘録

戊辰八月十四日まで
」

丁卯〇慶應三年

〇十二月十八日　夕御用有之急速上京被　仰付候段奉命之事
〇同月同夜　近々三條卿其外太宰府ゟ御歸洛之節三田尻御立寄有之其節御同艦へ乘組罷登候樣申事に付三田尻へ出浮
〇同月廿三日　三條卿其外三田尻御越著　兩君上御相對被爲濟同夜半薩州蒸氣春日丸へ乘組發船す
〇同月廿五日　巳ノ刻大坂著船薩邸へ揚陸にて同藩大山彌助西鄉信吾條卿內森寺大和守等一同公卿方ゟ御先へ上京に付同夜乘組

○十二月廿六日　晝京都相國寺内林光院へ著同寺は過る十日毛利内匠殿
一達兵隊上著にゐ本陣會議所也
平六郎樣御一楯は粟生光明寺御本陣也
内匠殿一楯は東福寺也
蛤御門御守衞被　仰付兵隊交代す
○十二月廿七日　早朝薩邸へ罷越西郷吉之助其外へ於御國被仰含之件々
申談候處同意に付追々其運可致段申合置候事
○同日　薩藝土長之兵隊調練於日御門前
天覽被爲在畢ゐ御酒肴頂戴被　仰付候事
○同日　晝三條卿其外五卿樣御機嫌克御歸洛直に御參　朝被爲在條公議
定御奉役被爲在候事
○十二月廿八日　朝條公岩倉卿へ拜謁被仰含之件々得斗申上置候事
○十二月廿九日　中山正親町三條中御門三卿へ參殿同前

○十二月三十日　早朝有宮へ參殿拜謁同前同朝飯後三條卿へ正親町岩倉東久世三卿御集議薩藩岩下佐次右衛門西郷吉之助大久保市藏一同御席へ罷出御會議被爲在各見込筋申上候事

一同日　東久世卿參豫御奉命之事

○昨廿九日　高田春太郎一同御所御假建へ罷出候樣申來り樣子御内々奉伺候處下參豫被　仰付との御事に付諸卿方へ御内々御斷申上置候事

戊辰○明治元年

○正月元日　御歸京公卿方へ爲御歡廻勤之事

○正月三日　申ノ下刻於伏見德川先鋒會桑步兵等と薩土長之兵隊戰爭相始る此件を以薄暮

御所へ罷出候處東久世岩倉兩卿ゟ斷然下參豫被仰渡此内以來御斷をも申出置候得共是非令所勤候樣との御事に付御請申上之徹夜實に大騷動

難盡筆頭事　以後日々
御所へ出勤す
○正月五日　仁和寺宮様征討大將軍被爲蒙翌六日東寺へ御出馬被爲遊候
事
○正月六日　朝飯後高田春太郎發途御國へ罷歸る
○正月十日　楫取素彥下參豫當分之內被　仰付候段被仰渡之
備　前
山田市郎左衞門
鷹司殿御內
種田刑部太夫
鈴　木　壽　太　郎
○正月十一日　東福寺ゟ小荷方一達河原邸へ引移る依之東福寺は病院而
耳也

○同日　夕正親町卿并岩下佐次右衞門下坂外國人へ
勅使也東久世卿當節御下坂中にゐ直に御用御奉と申事
○正月九日　薩長兵隊浪花城へ先鋒す

遊撃隊
後藤深藏
原川金藏
宇佐川熊藏
山下綠
桐木岡四郎
整武隊
入江隼太
奇兵隊
藤村英次郎

戸澤竹太郎

右戰死之事

振武隊

河上四郎

三瀬千代太郎

十川三郎

伊藤鄉治

石川厚狹之助

整武隊

品川喜一郎

吉田淳之助

河村・梅吉

上田瀧之助

上山三五郎

奇兵隊
入江勝馬

石川伊三郎

有田彦兵衛

振武隊
松原善人

岡崎久之進

右手負療治中死去之事

○正月十一日　大津口總管橋本柳原兩卿ゟ爲御使木梨精一郎歸京精一郎は參謀なり

○同日　於

御所宇和島侯へ拜謁御高話相窺候事

○正月元日　藝世子侯へ　拜謁是迄之御行懸を以御議論申上候事
○正月七日　夜五ッ時於小
御所議定參豫其外在京諸侯方被召出德川慶喜征討之御布令被仰出候事
但御列席正面へ總裁宮直御脇へ聖護院宮山階宮知恩院宮御横へ中山
正親町三條三條三議奏卿續而參豫諸公卿方也總裁宮御發言久我卿御
讀知岩倉卿御演說堂々たる御次第奉恐入直樣御請成否申上候樣にて
名代之部は明巳ノ刻迄申出候樣との事
○正月九日　平六郎樣御參　內正親町三條樣へ御對面畢而御酒肴自
朝廷頂戴之
○正月九《マヽ》日　三條岩倉兩卿副總裁奉役之事
○正月十二日　重役之者午之半刻
御所へ罷出候樣との事に付內匠殿下坂中に付寺內暢三罷出候處於
御廊下久我西四辻兩卿ゟ御沙汰書御渡也奉頂之

君上御劔拜領幷戰死之面々へ五百兩被下之との事
平六郎樣御同樣御參　内小
御所南庇におゐて
龍顏被爲拜之幷出陣御慰勞之御沙汰書頂戴之尚御酒肴をも同斷其外薩
土藝因藤堂戰功尙尾越宇肥在京之諸侯方幷當度
官軍出張諸藩へ相當孰も
御褒賞被仰出候事
一木梨精一郞薄暮大津驛へ歸る
一德川薄《マヽ》御國ゟ到著本月五日之御用狀到來御靜謐木戶準一郞御用召當節
氣分相に付暫御猶豫御奉札來る
一今曉之事件爲報知御內用手子閑之助差歸し明十三日朝ゟ出足申付置御
用狀認出す
○正月十一日　外國人御交際として正親町御下坂於彼地東久世卿にも御

用弁岩下氏同斷一兩日中宇和島侯後藤氏同様下坂被　仰付候事

○正月十日　賊軍荷擔之會桑其他官位被相放弁京師御拂屋家鋪被召上大垣宮津其他御不審之趣を以被留入京等被仰出候事

○正月十三日　晴

宇和島　林玖拾郎

備前　土肥典膳

一龜山侯石川宗拾郎様先鋒被爲成度段家來羽根班輔來訪木梨精一郎に添書相渡す

一宇和島壯士中內願之趣參豫公卿方へ楫取を以申入置候事

一巳ノ刻ゟ寺內同道鳥羽伏見邊廻見東福寺病院尋問手負連へ昨日　御沙汰申聞一統難有承知奉り薄暮歸る

一鷲尾卿御出張場所高野山ゟ爲御使藤井庄兵衞罷越御金借願談之趣有之

翌朝庄兵衞へ二百金取替相渡候事

一御内用手子監之助歸京神邊遠藤謹介ゟ來翰備前日置帶刀一手米人へ砲

擊一件い曲申越す

○正月十四日　雨

四條卿御頼之ヒストール壹挺取歸る

澤殿内

米川信濃

津和野

西山堯民

福羽文三郎

一岩倉殿ゟ御使山田宇右衞門を以御菓子被下之

○正月十五日　雪

一今上御元服御祝儀被爲濟候事

備前
土倉修理介
土肥典膳

津和野
多岐〔胡カ〕兎波
神野務
部東五郎兵衛
福羽文三郎

平戸
杉山雲八
桑田源之允

○正月十六日　晴

一早朝御用有之三條殿へ參殿拜謁仕候事
一津和野邸多岐《胡カ》其外尋問す
一巳ノ刻
御所御假建へ罷出參與中昨日御規式濟也
紫宸殿清涼殿等御飾附之儘拜見被　仰付候事在京之諸侯方同樣也
一三條西殿御歸洛後拜謁不仕に付參殿拜謁す
一石部祿郎昨夕大津ゟ歸邸金取歸る
一有宮樣中山卿ゟ御肴鳥御酒等頂戴す
一於御所肥後侯へ拜謁久々御意拜戴之
大垣侯今般
朝廷へ謝罪之道相立度段被爲在御許容之處長州へ對し先般山崎關門一件幷一昨年藝州へ出兵等不相濟行掛り有之に付使節差越相謝度處引請可申哉之段正三卿を以相賴及相答候事

一鷲尾卿一手御歸京之事

○正月十七日　晴

津和野

山田簡司

一今辰ノ刻　御假建へ罷出候樣沙汰相成於御廊下德大寺長谷兩卿ゟ可爲徵士御沙汰幷海陸軍務掛り兩通被仰渡也幷に徵士可爲表通り御沙汰は寺內暢三へ長谷卿ゟ被仰渡之御請之義は追而　君上より被差出候樣との事

一中山殿へ參殿す

一文武館拜見に罷越す

一條公ゟ手負人へ白木綿拾疋砂糖三桶被下之候段森寺御使を以御持せ之事

一有宮ゟ呼來り寺內罷出候處御內々爲申上へ時々罷出候樣御依賴之段

御直に被仰聞候事

一條卿ゟ參殿候樣申來夜六半時罷出候處拜謁種々被仰聞御答申上之

○一昨十五日於兵庫外國公使へ東久世卿爲　勅使御應接無滯相濟候段い曲被仰聞候事其外云々

○正月十八日　晴

石川宗拾郎樣御家來

堀池重右衛門

小笠原豊千代丸樣御家來

德田彥太郎

下參與

荒川甚作

丹羽淳太郎

田中國之助

尾州

田宮如雲
林左門

土州
後藤象次郎
福岡藤次
神山佐太衛

越州
中根雪江
酒井十之丞
毛受鹿之助
三岡八郎

薩州
岩下佐次右衛門
西郷吉之助
大久保市藏

辻將曹

藝州　櫻井與四郎
　　　久保田平司
肥後　溝口孤雲
　　　津田山三郎
備州　土倉修理介
　　　土肥典膳
　　　牧野權六郎
　　　山田市郎右衛門
柳河　十時攝津
大垣　小原二兵衛
仁和寺宮御内　中沼了三
廣澤兵助
楫取素彦

一桂太郎過る四日御國へ爲報知當地出足九日鴻城歸著折返同十三日發途にゐ今夕著京

坂城襲擊　御沙汰御請書持參に付直樣太政官代において兵助ゟ岩倉殿へ差上る

一太政官代へ出勤大久保一同密議岩倉卿へ言上す

一夜津和野藩と集會す

○正月十九日　晴

一朝大久保一同　有宮三條公へ參殿密議言上す

一三條侍從公旅寓へ御成

一夕官代出勤內國事務掛兼勤御沙汰奉之

一宇和島侯後藤歸京外國御交際濟一件幷備前暴發一件共言上依之備前の一件不容易次第に付御會議相成一定す

一越公に拜謁云々御高話拜聽御請答相應言上す

一四條大夫殿ゟ林玖拾郎事御托有之候事
一楫取素彥徵士御沙汰有之
一大久保申合之密議士後藤越三岡へ示談同意也
一御國へ爲報知金作差下候付御用狀相認め

○正月廿日　晴

黒田了介

大村藩

淺田進五郎

御厨善平

戸田圭次郎

一三條侍從樣戰地御順覽攝播邊同樣御賴に付桂太郎附添今晝ゟ御發途之事

一平公於當旅寓侍從殿へ御逢之事

一澤卿雲大夫其外共坂地へ昨十九日來著爲報知岡部繁之助著京又折返し澤卿御家來同道坂へ下る
一雲大夫夕七ッ時著京佐伯新右衛門同斷
一薩西鄕信吾深手重症に付病院醫師診察賴越に付總督へ申越折柄醫員能越居黑田了介一同早刻差越す
一今夕爲飛脚金作發途に付坂地木戶へ書狀差越す
○正月廿一日　雪
一條卿ゟ早朝呼に來り參殿す云々御示談被爲在直に正三卿へ同斷卿昨夕後浪花御歸京　將軍宮御旨趣に付云々御示談有之大久保一同也
一朝飯後官代へ出勤夜五ッ時下宿
出勤規則被仰出
一每日巳ノ刻出勤申ノ刻退出
一一六の日休

一議事ゟ體總裁を始下參與迄總而出席無之向は不相預次官にて可決事
一每日巳ノ半刻ゟ議事相始め可申事
右總裁宮被命候事
正月廿一日　　　　　　　博　　房
一長府細川下野著京す
○正月廿二日　晴雪
一雲大夫昨日太政官へ被罷出德大寺殿へ御相對　御名代御用被申入幷御
書面二通共差上之無滯相濟
一今曉木戸準一郎著京本月九日御國發途備前へ罷越順々當地着也
一澤卿御歸洛直樣御參　內萬端御首尾好被爲濟候事
一右御供一達國貞直人著京也
一太政官へ出勤す
一夜澤卿へ爲御歡參　殿す

一中御門卿ゟ御肴頂戴之

○正月廿三日　晴

彦根家老
新野古拙
澁谷騮太郎

右國情云々申出有之酒壹樽持參

小倉
二木武兵衛
入江宗記

一太政官出勤

一大久保市藏後藤象次郎申合之言上一件於議事堂　總裁宮初御列席にゐ三人ゟ言上す依之御一紡御評議相成る

○正月廿四日　陰

一太政官へ出
一宇和島藩林玖十郎徵士被召出海陸軍務掛被　仰付候事
一寺内暢三太政官へ召出にて金二萬兩從
朝廷拜領被　仰付也
○正月廿五日　陰
一太政官へ出る
一木戸準一郎徵士參與を以總裁局顧問掛被　仰付候事
一御末家御名代於太政官御禮相濟候事
一過る十九日戶田大和守樣參與會計掛被仰出之
一今夕高田春太郎著京過る十九日御國發足也　儲君過る廿二日山口御出
馬尾ノ道迄御陸行夫より御乘船坂地御著之筈也兵隊中へ御褒詞拜領也
○正月廿六日　晴
一大久保市藏來訪大事件に付岩卿より御內諭有之木戸同道太政官へ罷出る

一良善へ參謁寫眞へ行坂地鴻善待招へ行
一丹州路西園寺卿ゟ爲御使湯淺精二郎歸京云々申來る
一高田へ被仰含之廉を以同人條岩兩卿へ參殿す
○正月廿七日　雨
一今夕ゟ國貞直人岡部繁之助下坂　儲君御著坂一件申談置候事
一森寺昨夜歸京之由にて今朝尋來侍従卿兵庫御滯在之由にて云々御内願之趣拜承す

土州
　田中健助

○正月廿八日　晴
一太政官へ出る
一雲州大夫持參豐石地之儀御書取を以被申出置候所是迄之通被成御預之段太政官代において正親町少將殿ゟ寺内暢三へ御書面御渡し有之

一井上聞多徴士參豫を以外國事務掛り被　仰付長崎鎭臺附屬被　仰付候段三條殿ゟ被　仰渡也
一澤卿九州鎭撫兼崎陽鎭臺被　仰付不日御發途に付爲御暇參殿す
一林半七長松文輔浪花より著京す
一將軍宮浪花ゟ御歸洛
○正月廿九日　雨

石川宗十郎樣御家老
加藤内膳
同　平士
堀池重左衛門

右御使者を以羽二重壹疋被下之外佐々木次郎四郎其外へも御目錄等同斷
一太政官代へ出る

一伊勢新左衛門山陽道ゟ過日著坂之處今日上京
○二月朔日　雨
一今日休日之處御用有之太政官へ罷出候樣申聞に付出掛候處於途中休日
相成候段承り引取る
一伊勢と清水樣へ行廣文米喜に相對す
○二月二日　晴
一太政官へ出る
一雲州殿へ出る久坂國へ歸る
○二月三日　晴
一太政官へ出る
一二條城太政官代へ
行幸議事之御都合にして
御出座今般關東巢屈（マヽ）

御親征被　仰出候事
○二月四日　晴
一太政官へ出
一昨夕被
仰出之趣列藩へ御布令之事

吉田藩
三浦陽次郎
濱田同
新井辰藏

一夜半浪花ゟ飛脚到來
若殿樣御事去る廿二日山口御發馬廿九日尾ノ道ゟ御乘艦昨三日夕坂地御著今一日御滯坂明五日枚方御泊明後六日伏見同七日御著京御積之段御注進有之奉恐悦候事

○二月五日　雨
一太政官へ出
一夜備前土倉土肥等集會す
○二月六日　陰
一休日に候得共軍務局計出勤に付例之通太政官へ出る
一薄暮ゟ　儲君爲御迎伏水へ行　御本陣へ出拜　謁す當地に泊す
○二月七日　陰雪
一儲君朝五ッ時伏水御發馬御上京直樣　總裁宮へ爲御屆御出夫ゟ　御本陣西六條へ未ノ刻御機嫌克御著恐悦奉存候伏見ゟ御供にゐ歸京す
一御神本之彈正介殿其外御供一達無別條御供著也
○二月八日　陰
一太政官へ出る
一今夕より御國へ之飛脚出立に付御用狀仕出す

○二月九日　晴

一朝岩倉卿ゟ　有栖川宮ニ參　殿拜謁す　大總督參謀一件也

一太政官へ出る

一六條御本陣へ爲　御覽出る

○二月十日　晴

一昨日於　太政官代　大總督參謀被　仰付候段東園坊城二卿より被　仰渡之

一早朝西鄕吉之助を訪前件之趣に付示談之

一儲君

天機爲御窺御參　內無御滯被爲濟總裁副惣裁二卿輔弼二卿へ御廻勤なり

一太政官へ出る

○二月十一日　雪

一早朝有宮參殿す
○二月十二日　晴
一儲君御參　內
　龍顏被爲拜　天盃頂戴被爲在幷　御太刀一腰拜領之
一太政官へ出る
一大總督參謀被成御免拜命內國事務局へ專務として令所勤候樣三條卿被
　仰渡之巨細御演說拜承す
一西六條御旅館へ爲　御歡罷出夜半歸る
○二月十三日　雨
一早朝西六條　御旅館へ出る
一太政官へ出る
一儲君御用に付御參　內被爲在候處
　主上御病氣に付御延引被仰出候事

土州　乾　退　助

○二月十四日　雪
一太政官へ至急御用有之越公幷中根大久保後藤木戸一同參　朝仕候樣御沙汰有之
御所へ出外國一件にゟ終に夜半下宿
○二月十五日　陰
一御所へ出今日も昨日之事件にゟ夜四ツ時迄
一大總督宮御出馬之事
一い勢新左衛門今日下坂す
一一昨十三日金作御國ゟ爲飛脚折返す
○二月十六日　晴
一休日候得共　太政官へ出勤
一昨十五日於堺表において土藩佛人に對し及砲擊候段薄暮坂地ゟ到來今

夜中度々飛檄到來
○二月十七日　雨
一堺表一件に付大久保市藏今曉下坂
一早朝右件に付　太政官へ出る同斷に付中根雪江下坂一左右次第越公
山階宮御下坂と申迄に相決す夜半下宿
一今日御國へ爲飛脚庫之助直之助發す
○二月十八日　雨
一今早朝六條御旅館へ出る
一太政官へ出夜半下宿
○二月十九日　陰
一今曉國貞直人坂地ゟ歸京す
一太政官へ出る
一平六郎樣洋行御許容御沙汰有之

○二月廿日　雨
一早朝岩卿へ參殿す
一太政官へ出夜四ッ時下宿
一大久保市藏歸京堺表土佛一件決局御沙汰被　仰出候事
一坊城侍從殿ゟ改而徵士參與職內國事務局判事被　仰付候段被　仰渡候事是迄之御沙汰書御取替と申事也
一楫取徵士御免被　仰出候事
○二月廿一日　雨
一夕條卿より呼に來り木戶大久保一同罷越す
○二月廿二日　晴
一太政官へ出る

福山藩
齋藤素軒

一御堀耕助過る十七日御國出足にて着京す
一儲君御用召御延引被　仰出候事
一御幸供奉被　仰出候事
○二月廿三日　晴
一朝西六條御旅館へ出る
一太政官へ出る
一行幸御用懸被　仰付候段岩卿ゟ被　仰渡候
○二月廿四日　陰
一朝太政官へ出夜歸る
○二月廿五日　晴
一朝　禁兵募所へ出る
仁和寺宮其外軍防掛堂上方幷吉井幸輔大村益次郎罷越兵制基本御評議
一夕直に太政官へ出る近日英蘭公使入京一件に付急御用有之夜半歸る

○二月廿六日　晴
一早朝西六條　御旅館へ出る
一休日候得共公使入京一件に付御用有之　太政官へ出る
一今夕兩肥藝津和野四公西六條　御旅館ゟ御會集に付罷出夜半歸る
一徵士御斷之儀歎願書御附帋を以御承留被　仰出候事
○二月廿七日　晴
一太政官へ出夜五ッ時下る
一內國分課諸侯掛被　仰付候事
○二月廿八日　雨
一英蘭公使入京す
一太政官ゟ
　御所ゟ出薄暮歸宿
一在京諸侯參　朝

天顏拜畢ゐ

御直命其他

御親舗御待遇被爲在候事

一儲君幷薩侯共別段

御召拜領物有之

一御堀耕助出足歸國す

○二月廿九日　晴

一佛公使入京

一英公使六條御旅館ゐ出御相對被爲在

一太政官へ出る午時　御所に出る

○二月三十日　晴

一早朝太政官へ出午時　御所へ出る

一佛蘭公使參　朝拜禮濟

一英公使參
朝掛於途中新門前狠藉兩人出外國掛り中井幸〔マヽ〕藏鬪創を得後藤象次郎討
留る英人拾名創を請け候付直に旅館へ引取參　朝廷引す
一前件に付外國掛り不殘內國掛に而徳大寺卿越前公英旅館へ爲
勅使御出に付大久保一同隨從に而罷越御談判相濟夜半下宿
○三月朔日　晴
一朝太政官へ出る
一夕肥後邸へ　儲君御出に付御供に而罷出　當公左京亮公へ拜謁す御前
へ召出左之通

溝口孤雲
木村得太郎
長岡左馬助
使〔執カ〕行甚兵衛

○三月二日　晴
一太政官へ出
一夕藝邸へ薩肥兩公　儲君御集會に付大久保木戸一同御供として罷越候事
一佛公使へ於旅館　儲君薩公御一同御相對被爲在候事
○三月三日　雨
一早朝太政官へ午時
御所へ出る
一英公使參　朝拜禮濟佛蘭二公使も談判有之參　朝す
一夕越公六條御旅館へ御越に付木戸一同御引受に罷越候事
○三月四日　雨
一朝太政官へ出
○三月五日　晴

一太政官へ出
一夜肥後邸へ小松大久保吉井辻木戸一同被召呼候事
○三月六日　晴
一早朝岩倉卿へ參殿
一夕小松大久保吉井辻長岡長谷川木戸と良善に集會す
○三月七日　晴
一太政官へ出
一夕薩公　儲公三條卿へ御招に付小松大久保吉井木戸一同御陪従罷出候
事
○三月八日　晴
一太政官へ出
一夜薩三士後藤福岡木戸と辻旅宿に集會す
○三月九日　晴

一太政官へ出
一聖上官代ニ臨　御三職議事於
御前被
聞召
天顔拜之畢而三職ニ
叡旨被
仰聞御酒肴頂戴之實に分外之儀難有奉涕泣候
一儲君議定職御奉命
一瀧彌太郎上京因人連越候事
〇三月十日　雨
一太政官へ出
一夕薩肥後阿四公　儲公と官代より御一同御連騎圓山へ御集會に付小松大久保木戸一同御供にて行夜四ツ時御引取相成候事

○三月十一日　晴
一休日に付西六條楫取を尋柏村侍御史一同段々御用相談す
○三月十二日　晴
一太政官へ出る
○三月十三日　晴
一太政官へ出夫ゟ小松後藤大久保一同從
御所呼に來る出仕夜中引取候事
○三月十四日　晴
一於南殿　御誓被爲在宮公卿諸侯被爲召無御滯被爲濟候事
一太政官へ出夕近々楫取長松歸國に付小集す
○三月十五日　晴
一太政官へ出る
一對州大島其外待招に付小集す

○三月十六日　晴
一朝太政官へ出夕八ッ時下宿
一楫取長松今朝ゟ歸國す
一久留米木村三郎其外招待にて集會す
○三月十七日　晴
一太政官へ出
一於關東過る九日薩長大垣斥候隊と德川兵と戰爭之段大垣ゟ屆書一見す
一津和野公ゟ被召罷越候事
一一昨日大坂迄淸末公御著之段報知有之
○三月十八日　晴晝雨
一太政官へ出
御所より被爲召罷出る
一過る十四日諸侯公卿方誓約不相濟分被召參　朝之事

一圓山において薩公肥後兩公肥前兩公藝阿津和野三公我　儲公御集會へ
大久保木戸一同被爲召罷越す
○三月十九日　晴
一太政官へ出
○三月廿日　陰
一早朝西六條　御旅館へ爲御窺出る
一太政官へ出る
一西郷吉之助過る十四日夜江戸出足今夕爲御窺歸京に付大久保木戸後藤
一同
御所へ出關東進軍慶喜身上幷旗下之情實巨細言上　大總督宮ゟ御窺廉
々御決議夜半引取
○三月廿一日　晴
一御親征行幸

御出輦に付早朝
御所へ出辰之刻無御滞
出御被爲在候事
○三月廿二日　夕雨
一太政官へ出
○三月廿三日　朝飯後晴
一太政官へ出
○三月廿四日　晴
一太政官へ出
○三月廿五日
一太政官へ出
一下り掛嵐山行一泊す
○三月廿六日　晴

一天氣尤快晴今朝閑叟老公　山階宮其外堂上公卿藩士等大集會實に大愉快薄暮歸宿
一昨廿五日去冬來詰居之兵隊交替當地發途す右代り奇兵隊浪花へ著なり
○三月廿七日　陰
一太政官へ出る
○三月廿八日　雨
一太政官へ出る
一昨廿七日山陰鎭撫總督西園寺殿御歸京隨從鋭武隊歸京す
○三月廿九日　雨
一大給縫殿頭參　朝一件不調に付進退相窺尤差控居候處不被及其儀候段被仰出候事
一夕太政官へ出る

○三月卅日　晴
一太政官へ出
一夜小倉島村志津摩其外集會す
○四月朔日　晴
一浪花ゟ飛脚勝吉罷歸に付彼地幷御國へ書狀出す
一昨日石部祿郎出足御國へ罷歸る
○四月二日　陰
一太政官へ出
一下り掛肥前邸へ行越公秋月公其外集會す
○四月三日　晴
一木原又右衞門去月廿七日江戸出立にゐ昨夜歸京東山道岩倉卿よりえ御使なり
一太政官へ出る

一山縣狂介福田俠平　大總督宮其外關東出先へ爲御使今朝出立す
○四月四日　雨
一太政官へ出る
一昨夜因州荒尾清心齋荒尾駿河松田正人門脇少造其外集會す
一當夜小倉島村志津摩其外集會す
○四月五日　雨
一太政官へ出
○四月六日　晴
一木原又右衞門關東へ折返今朝發足
一賀州藩に集會
○四月七日　陰
一太政官へ出る
一福山齋藤素軒其外集會す

○四月七日　晴
一太政官へ出る
○四月八日　晴
一太政官へ出る
一平原重右衛門男藤六著京に付寛話す
○四月九日　晴
一太政官へ出
一柏亭にゐ小原二兵衛菱田文藏雪爪禪師中島永吉福岡藤次神山左多衛日柳々東其外招會
○四月十日　晴
一昨日毛利少輔三郎殿幷奇兵隊著京す
一太政官へ出
一秋月公に被召越前公肥前公雪爪中根雪江毛受鹿之助青山小三郎小原二

兵衛日柳々東木戸一同集會夜半歸る
○四月十一日　晴夕雨
一木戸浪花行發途
一福原淸助此内以來歸京に付散歩
○四月十二日　雨無間晴
一太政官へ出
○四月十三日　晴
一太政官へ出
一園井亭にゐ飮飯甲村休五土州武知ヽ八十衞外に二人肥後林某外二人米澤
小島龍三郞抔招會へ行
○四月十四日　陰
一太政官へ出
一一昨日森寬齋八木嘉兵衞著京なり

○四月十五日　晴

一太政官へ出

一下り掛大久保神山小原同騎莵道萬碧樓へ一泊す雪爪禪師耕石等又集會多興々々

○四月十六日　晴

一今日莵道河源に船浮頗妙也夕七ツ時出園街万亭泊又皆一同なり

一於莵道西尾公に謁す

○四月十七日　晴

一所勞を以　官代參仕不致候事

一夕小原神山雪爪等二條或亭へ會す　大垣公微行す

○四月十八日　晴

一太政官へ出る

一作州藩數名へ招會木屋町樓へ行

一昨夕品川彌次郎發途御國へ歸る
一福原清助下坂不日歸國也
○四月十九日　晴
一太政官へ出
一今日木屋町五番へ轉居す
○四月二十日　晴
一太政官へ出る
一曙亭ゟ宇佐川山縣其外集會寺內同道偶然小原來る
○四月廿一日　雨
一大垣公招會に付加茂相州樓へ行大久保福島中島雪爪其他同藩數名盛宴
○四月廿二日　雨
一太政官へ出
一阿州公五條西園寺兩卿御招會東山橋梁（寮カ）へ行因（備カ）土倉其外備（因カ）荒尾門脇阿中

島等數名陪席す
○四月廿三日　晴
一太政官へ出
一旅寓へ大久保土倉福岡神山門脇中島小原菱田波江雪爪禪師其外數名招會
○四月廿四日　晴
一太政官へ出
○四月廿五日　晴
一太政官へ出
一雪爪禪師寓三桝へ行大久保福岡神山土倉小原其外數名來會
○四月廿六日　夜
一夕万亭別莊今〻山においてて陣幕其外江戸角力幷當地角力大會す大久保其他會盟數輩到會す

○四月廿七日　晴雨
一早朝大久保大村一同岩倉卿へ參殿す段々御用之旨有之終に益次郎江戸行相決す
一太政官へ出
一江戸本月十八日に仕出木原又右衛門ゟ來翰落手す
一昨今兩日薩長兵隊北陸出張之面々當地發途す
一加州幷米滿富山藩等數名來話す
○四月廿八日　晴
一太政官へ出る
一下り掛け福岡神山招會二軒茶屋へ行大久保小原其他數名集會
○四月廿九日　晴
一太政官へ出る
○後四月朔日　晴

一火防之者爲見分若州屋敷へ行

○閏月二日　雨

一太政官へ出る

○閏月三日　陰

一太政官へ出る

○閏月四日　晴

一所勞を以太政官不參

一近江屋手代罷下に付御國へ送り物仕出す

一岩卿ゟ御用有之夕七ッ時參殿す

一前橋招介《マヽ》万亭へ行

○閏月五日　晴

一太政官へ出

一宇都宮城去月廿五日立に而戰爭爲報知中隊之者片山正作夕七ッ時著京

す
○閏月六日　晴
一早朝岩卿へ罷出る
一太政官へ出る
○後四月七日
一太政官へ出る
一片山正作關東へ歸る
○後四月八日　晴
一午半刻
御機嫌好
還幸例之通御迎に參仕す御用有之引續て
御假建へ出
一讃州様芳之助様　供奉御上京

一條卿へ參仕す

○後四月九日　晴

一太政官へ出未ノ刻

御假建へ出於

小御所議定參與宮公卿諸侯徵士迄

天顏拜之

○後四月十日　晴

一太政官へ出

一條卿俄に御東下被　仰出明十一日御發途從浪花蒸氣艦にて西鄕吉之助

林玖《マヽ》拾郎隨從東下す

○後四月十一日　雨

一條卿ゟ御用有之罷出る

一儲君御歸國御暇被　仰出過日於浪花　供奉被爲除暫御滯坂に付從彼地

直御發船之御都合なり
一右御歸國一件に付赤川敬三中村芳之助一昨九日上著に付同人を以右御沙汰差越す
一同前にゐ相原治八過日來大坂迄罷登り昨日上著す
○後四月十二日　晴
一早朝相原旅寓池田屋を訪寛々御國之事示談す
一太政官へ出る
○後四月十三日　晴
一今朝相原發途す
一太政官へ出る
○後四月十四日　晴　後四月十五日　晴
一兩日共太政官へ出る
一今朝　儲君御發艦御歸國之筈なり

○後四月十六日
一御用有之
御假建へ參仕す
一岩國招介へ行寺內同道なり
一野村靖之助品川彌次郎中島四郎上著す
○後四月十七日　雨
一太政官へ出
一中島四郎
朝廷軍艦乘組御用に付浪花軍防出局へ差越明朝出足之筈なり
○後四月十八日　晴
一太政官ニ出
○閏四月十九日　晴
一太政官へ出

○閏四月二十日　晴
一太政官へ出
一行幸御留守中居合議定參與一統申ノ刻より
御所へ罷出於
御廊下職事公卿ゟ左之通拜領之
　御晒壹疋
右　御留守中遂精勤
行幸御都合好
還幸御滿足被　思食候依之拜領被　仰付との御事
畢而　小御所ニ被　召出議定參與一統
龍顏奉拜續て於
御前御酒饌頂戴之重て
御二ノ間ニ被　召出

天杯御流頂戴之す實に難有感銘之至に奉恐懼候巨細御次第難盡毫頭且
漏聞を奉憚なり夜四ツ時下宿
○閏四月廿一日　晴
一太政官明日より
御所に御引移に付御用有之
御所に參仕す
○閏四月廿二日　雨
一御所へ參仕今般
官制御改正被　仰出更に御人撰を以輔相議定參與其他被　仰出身柄改
而參與被　仰付段岩倉中山二卿より被　仰渡謹て奉戴後に從四位下
宣下之段辨事勘ケ由小路卿被　仰渡實に意外之
御沙汰一應奉戴之
○閏四月廿三日　雨

一御所參仕す
一夕對州公より御□〔左右カ〕右有之參殿拜謁す
○閏四月廿四日　夜雨
一胸痛を以引籠る
一越中富山本月十九〔日脱カ〕發の黑田了介山縣狂介ゟ來翰相達す明日ゟ右歸便返翰仕出す
一竹田庸伯四五日前御國より上京にて來訪櫻井愼平浪花ゟ今日同斷
○閏四月廿五日　雨
一一昨々廿二日被　仰出實に大任を辱め候次第不堪恐悚之至に付內演說を以御斷申出委曲大久保小松ゐ頼越す
一野村靖之助今朝發足御國へ歸る
○閏四月廿六日　雨
一吉松平四郎昨日御國ゟ上著に付今朝來話朝鮮行一件なり

○閏四月廿七日　雨
一一昨日參與辭職位階も〔返脱カ〕上内演說を以輔相へ言上一件に付昨日小松大久保罷越岩卿御披慮等い曲承知す依之今日ゟ快起す
一太政官へ參仕す
一小松大久保一同位階宣下返上之儀輔相卿へ猶言上御聞濟を以辨事東園卿へ返上す
○閏四月廿八日　雨
一太政官へ出
○閏四月廿九日　雨
一太政官へ出
一於　小御所會計御評議
○五月朔日　雨
一對州へ用立金一件相整吉松平四郎ゟ證文請取置菱屋藤助万助辨之

五條烏丸東へ入
一岩國招介西郭行
○五月二日　陰
一太政官へ出
一下り掛岩卿へ御用有之參殿す
一近々内田五郎左衛門内小使勝吉歸國に付御用狀認相渡置候事
○五月三日　晴
一太政官へ出
一夕伏水へ行御屋敷跡柵取建等見分寺内小島先達ゐ罷越龜甲屋にゐ一泊
○五月四日　雨
一早朝伏水ゟ歸る
一去月廿一日江戸出立にて木梨精一郎今朝歸京正親町卿御一同なり
一高橋熊太郎去月廿六日江戸出立にゐ同斷三條卿同廿四日江戸御著後之

御使なり

一御國ゟ去月廿四日之御用狀來る

儲君同十八日　御歸山之段申來る

殿樣來る十一日御發駕御上京之段同斷

一太政官へ出下り掛後藤副島同道會計局へ御用達に罷越す

一神戸伊藤俊輔ゟ來翰洋製合羽送來る

一明朝日《マヽ》ゟ小松帶刀橫濱行被　仰出候事

○五月五日　雨

一所勞に付引籠る

○五月六日　晴

一御所へ出る

一早朝岩卿へ出る

○五月七日　雨

一御所へ出
一關東一條於
小御所御評議有之
一加州招會圓山左阿彌へ行
○五月八日　雨
一御所ニ出
○五月九日　晴
一御所へ出る
一去月廿九日德川家相續田安龜之助ニ被　仰渡秩祿城地等之儀は追而可
被仰出段
御沙汰相成候段報告有之
一過る六日東北戰地ゟ片山正作厚東二郞助等報知歸京す
一今曉ゟ御國へ飛脚出立に付御用狀其外仕出す

○五月十日　雨
一御所ゟ出
一清岡岱作關東三條卿ゟ御使として歸京輔相議定參與一同承知す
一夕副島大木後藤大久保吉井來話
一御兩國御證書今日少輔三郎殿寺內新山附添にゐ差出五辻殿被請取相成候事
○五月十一日　雨
一夕因備兩藩中村屋へ招會す荒尾駿河其外五人池田近江其外七人來る
○五月十二日　雨
一御所へ出
一若殿樣ゟ
　御內獻物御扇子七　今日寺內持參奉納之事
一阿州公長岡公關東行被　仰出候事

○五月十三日　雨
一太政官へ出る
○五月十四日　雨
一太政官へ出る
○五月十五日　晴
一太政官へ出
一高家交代寄合幷寄合旗下等
朝臣被召出候事
一岩長両家々老初と集會
○五月十六日　晴
一蹴上ケ玉屋へ行
○五月十七日　陰
一早朝岩輔相卿へ行大久保吉井一同過る六日江戸出立報告を聞本月朔日

官軍奥羽白川城を復す其外云々
一御所へ出
聖上臨　御諸政被　聞食議定參與罷出候事
○五月十八日　雨
一太政官へ出
一屬吏を柏亭へ招集す
一君上一昨十六日御著帆昨十七日御揚坂相成候哉之由報知有之
○五月十九日　雨
一御所へ出
一下り掛月波樓へ大久保後藤副島等集會
○五月二十日　晴
一御所へ出
一今朝北越より長府藩一人報告として歸京本月十一二三日連日長岡口大

戰爭之由其外云々
一君上御著坂爲　御窺彼地へ御用狀を以飛脚差立る
○五月廿一日　晴
一昨夜江城條卿より本月十五日卯ノ刻發之御文到來に付輔相卿より今曉御差廻相成候同所上野屯集德川脫走之賊徒追討之報告なり
一前件に付今朝輔相卿へ參殿候樣との事にて六字出伺す大久保吉井橫井中島永吉同席議事江城日誌之趣一綜へ御布令幷當地其外攝海關門等嚴備兼而東下之兵隊當職之者等猶又御催促之件々相運候事
一夕圓山集會す
一夜江城ゟ藤井源五郞米木村三郞右爲報告歸京す
一右件今曉大坂　君上へ報知す
○五月廿二日　晴
一所勞を以官代不參

一北越より本月十六日立長府鳥山健助報告として歸京す
○五月廿三日　晴
一御所へ出る
一當官を以京都府御用掛被　仰付候段輔相卿被　命候猶口達日々彼府出勤民政屹度相擧候樣可令盡力旨被　仰聞候事
一伊藤俊輔一昨夜上京明朝より引取る
一小松後藤明朝より大坂行
○五月廿四日　晴
一京都府へ出勤
一夕土倉を訪ふ
一昨大坂ゟ　君上御內命を以相原治八林半七上京今朝輔相卿へ出る
○五月廿五日　晴
一京都府ゟ

御所ゟ參仕す
一民政下手要旨書を以知府事初判事へ議す明後日を以決議を約す
一議政官行政官當分々課被　仰出候事予當府幷諸侯掛り議定にて越前宰相公同掛なり
一楠中將公正忌日に付於調練場御祭式有之候事拜に出る
一三勝において備藩日置帶刀と集會す
一越藩南部彥助本月十四日高田表發にて爲報告歸京す
一相原初今朝薩公へ拜謁御內用相濟今夕より下坂す
○五月廿六日　晴
一夕土倉同道にて万亭集會す
○五月廿七日　晴
一御所ゟ京都府へ出勤す
○五月廿八日　晴

一御所ゟ京都府へ出る
一君上今晩伏水御泊にて明日御著京に付爲　御迎伏水へ行拜　謁益御機
嫌克奉恐悅候
○五月廿九日　晴
一御供にて五條橋迄罷歸り一應歸宿重而六條　御旅館へ出る德山侯も御
一同御著京なり
一奥白川城本月八日立にゐ萩野省一弁中隊之者一人共登京本月朔日同城
回復前後之始末巨細相分る
一北越長岡城も本月十九日官軍勝利落去すといふ
○五月卅日　晴
一早朝六條　御旅館へ出る
一御內勅使五辻卿六條　御出
御懇命被　仰聞候事

一岩倉卿六條　御旅館へ御出御寛話耕助一同御同席へ被召出云々
一京都府へ出勤
○六月朔日　晴
一夕御堀林服部伊勢其他と二軒亭へ集會
○六月二日　晴
一御用有之御堀同道にゐ岩卿へ出る
一京都府へ出勤
一申ノ刻より又々岩卿へ出吉井大木同席段々御軍議有之夜半歸宿
一去月廿六日江城出足之人今夕歸京近況岩倉卿席にゐ承知之事小田原城追討新報を得
○六月三日　晴
一今朝木戸歸京崎陽其他御國之情實新聞す
一京都府へ出

一昨日　君上始御參　朝被爲〔拜脱カ〕
天顏且格別
御懇命被　仰聞拜領物有之恐悦に付今夕爲御歡參伺す
○六月四日　晴
一京都府へ出勤
一今日仕廻次第飛脚歸國に付御用狀其外仕出す
一北陸海軍捷報を得賊艦終に覆沒すと大賀々々
○六月五日　晴
一薩公今朝御東下御發馬之事
一京都府へ出勤
一江城より西郷吉之助歸京近報にゐ薩公御發馬延引被仰出候事
○六月六日　晴夕雨
一小田原城主大久保越〔マヽ〕中守追討被　仰出候處降伏開城寺院蟄居尤家來三

ヶ壹方脫走元沼津にゐ謹愼林昌之助初め元旗下脫走輩一旦函嶺に據り
候者追討被　仰付敗走すとの新聞を得る昨日なり
○六月七日　晴雨半す
一京都府へ出勤
一昨夜松本亭にゐ門脇松田々中國之助と集會す
○六月八日　雨
一京都府へ出
一柏亭においいて木戸い勢寺內と岩國諸氏と集會す
○六月九日　晴
一京都府へ出
○六月十日　晴
一京都府へ出
一檜木了介大坂ゟ來るい勢同氏其外と集會す

○六月十一日　晴
一夕菱藤待招にゐ木戸い勢寺内其他數氏と祇二軒に集會す
○六月十二日　晴
一京都府へ出る
一御國出《マヽ》立に付御用狀仕出す
○六月十三日　晴
一御所より京都府へ出勤
一夕六條　御旅館へ出る
一夜岩卿旅寓へ御出之事
○六月十四日　晴
一京都府へ出る今日八坂神社御祭事に付早引け
○六月十五日　晴
一京都府へ出勤す

一木戸準一郎東行被　仰出候事大木同斷
一仁宮其外北越　御出陣被　仰出候事
一北越山縣狂介ゟ本月三日五日之書狀到來長岡城乘取後も餘程苦戰すと
○六月十六日　晴
一奇兵隊福井小四郎北越急飛として差立山狂山市へ來ゝ翰仕出す
一河北一大庭此面と二軒亭に集會す
○六月十七日　夕雨
一京都府ヘ出る
○六月十八日　夕雨
一芳之助樣讃岐守樣御發途御歸國
一京都府へ出
一君上御廻勤掛角倉へ御立寄被遊　御前へ被召出　御酒頂戴被仰付之
○六月十九日　晴

一太政官ゟ京都府へ出る
○六月二十日　晴
一木戸準一郎御用有之東下今朝出足浪花ゟ航海す
一い勢新左衛門　君上御供にゐ浪花ゟ上京今日發途下坂す
一京都府へ出る
一夕土倉招會にゐ二軒亭ゟ行寺內長松宇喜田同道なり土倉北越監軍被
仰付近日發途する故なり
○六月廿一日　陰
一品川彌次郎今朝出足歸國す
一御國より飛脚到著本月七日之御用狀相達す
○六月廿二日　晴
一御所より京都府へ出る
○六月廿三日　晴

一同前

一夜岩下と岩卿へ出る

○六月廿四日　晴

一御所より京都府へ出る

一早朝岩倉卿御出有之候事

一御供之二中隊東下今日六條陣營出發す

○六月廿五日　晴

一京都府ぃ出る

○六月廿七日　晴

一御所ゟ京都府へ出る

○六月廿八日　陰

一早朝より

御用有之伏水ぃ出張長谷卿及松田正人青山小三郎一同なり　同所役所

へ出勤大山彥八其外在勤す
○六月廿九日　晴
一伏水役所へ出勤す
○七月朔日　陰
一未明伏水旅寓へ林半七内藤吉左衞門尋來此度東下に付浪花ゟ途中なり
段々及示談相別る
一早朝より槇島宇治川堤防當夏破損所見分として長谷卿其外一同罷越す
其他窮民御救助等一切御用相濟夕七ッ時伏水發し歸京す
一君上六條　御旅館より木屋町角倉へ御轉陣被遊候事
○七月二日　晴
一御所より京都府へ出勤す
一御扇子三本拜領之勘解由小路殿阿侍達なり
○七月三日　晴

一御所より京都府に出勤す
一御所より千卷頂戴仕候事
一去月廿三日之仕出北越福田俠平より來翰す
一御國より同日比出立飛脚昨日參著す御靜謐なり
○七月四日　晴
一過る朔日穗波西四辻岩倉八千丸三卿江城より御歸京す
一太政官より京府勤仕す
○七月五日　晴雨半
一今日休日に候得共京府地方庄屋等呼出有之午時一寸出勤す
○七月六日　陰
一今日無之に付太政官より京府へ出勤
○七月七日　晴
一昨夜大洲吉田新兵衛其外招會二軒亭に行

一今夕木戸氏江城御用相濟歸京より同道なり
一夜半御國表去月廿九日立之急飛參著
强丸樣御機嫌別而御不例被爲在候段御注進承知仕實以驚愕之至奉恐入候事
一楢崎頼三其外より報知有之去月廿五日棚倉城乘取捷報を得る
一今朝中島直人來話雲一件示談なり
一朝飯後梠原御堀來話寛々示談あり
○七月八日　晴
一御所より京府へ出る
一昨夜飛脚到著去月廿九日立
强丸樣御事御不例之處御內實四日被遊　御卒去候段申來驚愕之至奉恐入候事
一御旅館へ右爲御窺罷出候事

○七月九日　晴
一京都府へ出る
○七月十日　晴
一御所より京府へ出る
一今明日於調練場當春以來戰死之者御祭祀被　仰付候事
一夜木戸御堀寺内一同相原氏へ集會す
○七月十一日　晴
一朝辰之刻招魂祭へ拜禮として行我藩兵隊一大隊出る
一夕圓山橋の梁《端の寮カ》において因州招會へ相原御堀一同行彼藩大夫其外六七名
相對す
一御國より過る晦日立之飛脚到着す
○七月十二日　晴
一强丸樣御事本月四日被遊御卒去候段今日御到來有之候趣を以表通り御

屆等御發し被爲在候事
一右に付明十三日迄遠慮罷在候段
朝廷へ御屆申出候事
一內小使御國罷歸候付柏村兄山縣彌八へ御用狀仕出す
一昨今岡本五兵衞平原平右衞門より去月廿九日比箱館發之書狀到着彼地
商用都合宜敷段報知す
一五月廿九日箱館發堀眞五郎より來翰相達す
○七月十三日　晴
一昨夜大木民平外肥前壹人と木戶氏に相會す
○七月十四日　晴
一御所より京府へ出勤す
一强丸樣御死去御悔御帳付被　仰付候事
一長府公壹兩日前御著京なり

〇七月十五日　雨
一休暇に付御堀南其外同道遊歩す
〇七月十六日　陰
一休暇
〇七月十七日　晴
一京府へ出
一夕　御旅館へ被　召出於　御前御酒頂戴淡路守様御一席なり
一夜菱田文藏招會へ行木戸長松作間同道外江藤天江一席なり
〇七月十八日　大雨夜半雨
一京府へ出る
一大木氏招會へ行木戸同道也
〇七月十九日　晴
一御所より京府へ出る

一令善《靈山カ》招魂祭參拜
一右相濟歸掛け木戸御堀服部其外二軒亭へ集會す
○七月二十日　晴
一京都府出勤
一舘林藩集會にて醉月亭へ行
昨今令善招魂祭へ都下之士民頗る參詣多し實に過る亥子兩年間殉國就
死之先輩追悼涕泣不止矣
○七月廿一日　晴
一休暇
○七月廿二日　晴
一京都府へ出勤
一木戸一同長府公へ被召に付夕　御旅館へ出夜半時下宿
一夜るす中へ岩卿御出有之不時故御引受不相調被　仰置有之候事

○七月廿三日　晴
一早朝岩卿へ參殿御外出故拜謁不相調
一御所ゟ京府へ出勤
一護良親王御祭事　參拜於河東調練場御次第例之通
一夜御堀服部來話
○七月廿四日　晴
一早朝岩卿參殿拜謁兼而奉願候御暇一件追々　君上よりも被　仰願猶段
々國情貫徹先御内聞濟相濟之事
一京府へ出る
一夜今朝御聞濟一件に付木戸相原御堀集會
○七月廿五日　晴
一早朝木戸相原御堀一同　御旅館罷出拜　謁す諸事御伺濟過る二十日行
形之飛脚今夕發足に相決す御用狀仕出す

一京府へ出る
○七月廿六日　晴
一休暇
○七月廿七日　晴
一篠田竹藏江戸より歸京段々御用向申來る
○七月廿八日　晴
○七月廿九日　晴
一右三日共京都府へ出勤都合無事
○八月朔日　雨
一休暇月朔參　朝可仕之處病氣を以御届申上る
一久保松太郎御國より商法御興隆一件其外御用有之上京今日著す
一い勢新左衞門浪花ゟ過る廿八日上京奈良府判事被　仰付候事
一夜久保服部其外集會

○八月二日　雨
一久保上京御用一件にﾃ　御旅館へ罷出於御前椙原御堀久保服部一同御
會議御決定被仰出候事
一右差湊之故を以京都府不勤相斷る
一夕福山藩齋藤素軒其外三人中村屋へ待招す長松同行なり
○八月三日　夕晴
一御所より京都府へ出勤す
一去月廿五日北越長岡城ハ賊より夜襲放火官軍及敗走之段報告有之當春
來數百度戰爭中未如此敗衂無之素ゟ一敗一勝は兵家之常更不可驚と雖
も不堪遺憾以後之報を待而耳
○八月四日　晴
一京都府へ出勤
○八月五日　雨

一君上御廻勤掛圓山邊御小休可被爲在に付御引受仕早朝より橋之梁〔マヽ〕へ行
夕八ッ時過き　御成薄暮御立被爲在於　御前御供諸士中へ御酒頂戴難
有事に候事
一北越より佐々木次郎四郎佐藤與三左衛門上京同人共雲州蒸氣船へ兼而
乗組居今般戰地病人乗組歸國掛け能登國沖において破船揚陸乗組中一
統無事之段爲御屆雲人同道上京なり
一前件差湊を以京府出勤御斷申出る
○八月六日　晴
一森清藏事先達而北越出張之面々被爲
御慰撫御使に被差越候處去月廿九日柏崎發途に而今朝歸京す
一夕久保御堀服部等曙亭へ集會す
一佐々木佐藤今晩ゟ御國江至急罷歸る
○八月七日　晴

一御所ゟ京都府へ出勤
○八月八日　晴
一昨夜い勢氏近々奈良府出役爲暇乞木戸御堀久保服部森等と清水亭へ集會す
一京都府へ出る
一夜津山小原餘之助招會へい勢同道にて松本亭行
○八月九日　晴
一上下加賀《茂カ》社に
行幸無御滯相濟
一晝後京都府へ出勤す
一加州藩招會に而圓山左阿彌へ行同藩中川甚之助其外四人肥前大木民平
大隈八太郎楠田某外四人相席す
○八月十日　陰

一京都府へ出勤す

○八月十一日　晴夜雨

一休暇に付片山方能見物に行永樂屋待招にて寺内森同道なり

一昨十日夕よりい勢氏下坂夫ゟ奈良府へ出役之筈なり

一櫻井愼平今朝より北越へ出張今朝相對にて彼地より柳川藩上京本月四日比迄に長岡城回復及ひ餘程攻撃　官軍勝利北越小藩大概降伏村上之

一城ハ賊根據すと大に捷報を新聞す大愉快なり

○八月十二日　雨

一御用取調段々相嵩み內居其段京都府へ相届之事

一夜館林藩招會にて松本亭へ行

○八月十三日　晴

一御所へ出過る八日小松帶刀大隈八太郎等横濱より歸京外國事件重度《マヽ》之儀三箇條言上に付

出御議參與一紼
御前へ罷出候事
一相濟京都府へ出勤す
一夜久保木戸服部寺內等相會す
○八月十四日　陰
一京都府へ出勤
一御國より飛脚到著於御國去月廿三日左之通御沙汰相成候段申來る
廣澤兵助
右被成御意候其方事御奥番頭格被　仰付所勤方之儀は只今之通被
仰付候條此段可申聞旨候事
外に筆次木戸次座との事
其外都合無事

（表紙）
「戊辰秋八月十五日より
十二月十一日まで
第二
備忘録」

戊辰〇明治元年

〇八月十五日　陰
一御所より京都府江出勤
一観月之會にて御堀寺內其外來宴
〇八月十六日　夜晴
一休暇
一賀陽宮御不審之趣有之藝州江御預被　仰出候事
一雲藩招會梅江行御堀寺內同行す

○八月十七日　晴

一依所勞不參御屆申上候事

○八月十八日　晴

一京都府へ參仕

一過る十五日來る廿七日

御卽位之儀被　仰出に付三等官以上兩三日中參　朝可致段觸達有之

○八月十九日　晴

一京都府へ參仕す

○八月二十日　陰

一依所勞不參相達す

一夜相原御堀來會す

○八月廿一日　晴

一休暇

一晝木戸へ栢原御堀と集會す
一井上聞多長崎より御用相有之上著す
一夜小原餘之助來話今夕輔相卿より白木重酒壹樽頂戴す故なり
○八月廿二日　晴
一御所より京都府へ參仕す
一議定一統列席にゐ參與中にゐ位階　口宣御猶豫奉願置小松岩下木戸副島一同也近々
御卽位御大禮被爲行候就ゐは位階御請申上候樣との御事に付猶又申談日取前之行掛を以今暫御見合奉願候事
一御旅館へ御國改革詮議物持參栢原木戸御堀罷出　御前會議有之候事
○八月廿三日　陰晝雨
一京都府へ出勤
一夕過日齋藤篤信齋幷四郎之助六郎之助一同上京に付於八新亭招待木戸

御堀寺内出席なり篤信齋幷柏木莊藏は今般
朝廷より御用召なり
○八月廿四日　晴
一御所より京都府へ參仕す
一森清藏今日御國に出立す
一過る廿二日木戸家内上京留守狀相屆無事
○八月廿五日　晴
一御所ゟ京都府へ參仕す
一來る廿七日
御卽位內見被　仰付辰ノ刻揃にゐ夕八半時相濟候事
一辨事柳原卿より左之通御傳達を以
參與一同に直垂一領宛被下候事
但御卽位之日便宜に參　朝之者は直垂著用にゐ不苦候事

拜領仕候事紗なり茶絹紋

〇八月廿六日　雨

一休暇終日內居

〇八月廿七日辰ノ中刻より陰雨止

一卯之刻參　朝仕候事

一御卽位御首尾能被爲濟便宜候所へ伺公す

相濟議定參與計於

小御所恐悅爲可申上也

龍顏拜畢而參與於詰所御祝之御酒肴頂戴す夕八ッ半時歸る

一今日恐悅に付

御所ニ太刀一腰

大宮御所ニ干鯛一箱御禮申上之爲め獻上被　仰付候事

一三等官以上家來一人拜見被　仰付候事

一去る二十日ニ三條公より御文輔相卿へ到來御内々御示し有之依之御國へ急飛差立候事
一昨廿六日根來大夫坪井宗左衛門神村新七□子孫六高源之允其外參著御國は去る十七日立なり
○八月廿八日　晴
一京都府へ出勤す
一久保田藩招會にて木戸同道二軒亭に行
○八月廿九日　晴夜雨
一山陵
行幸被爲在候事
一所勞を以引籠る
一夜大洲招會を以二軒亭へ木戸御堀寺内一同行
○八月晦日　晴

一東調練場へ
行幸徴兵幷長土因備之兵隊
天覧被為在候参與其他一同参集被　仰出参仕於
御覧所　御前被召出議定一同御酒饌頂戴仕候事
一槇村半九郎河村與一郎周布金槌其外上著す
一岡本五兵衞上京す
○九月朔日　晴
一休暇終日内居
○九月二日　晴
一京都府へ出勤
一昨朔日山田市之允上京丁卯丸にゐ越後ゟ攝海へ著岸云々御用有之
○九月三日　晴
一京都府へ出勤

一山田御堀と集會段々申談筋有之

○九月四日　晴

一京都府へ出勤

○九月五日　晴

一同前

○九月六日　晴

一休暇

一夕坪井へ御堀寺内山田服部竹田青木一同集會す

○九月七日　晴

一寺内今日發途歸國に付見送候事

一右に付所勞を以出勤不得仕届候事

一大津著京之事今晩相宿及寛話

○九月八日　晴又雨

一京都府へ出勤
一明治改元被　仰出今般
御即位且改元に付赦罪被　仰出彼是繁多に付夜五ッ時下宿
一夜大津御堀同道魚品亭集會す
○九月九日　陰
一可爲參　朝之處所勞を以御屆仕候事
○九月十日　晴
一京都府へ出
○九月十一日　晴
一休暇
一雲藩柏亭において招請に付木戸御堀大津坪井一同罷越す
○九月十二日　雨
一御所ゟ京都府へ出勤す

一御末家公用人中ゟ待招にて中村屋へ木戸大津御堀坪井同道にて罷越候事
一所勞を以引籠候事
○九月十三日　晴
一來る二十日
東行御出輦被　仰出候事
○九月十四日　晴
一京都府へ出勤之事
○九月十五日　晴
一京都府へ出
一備前藩招會に付木戸御堀大津長松一同淸輝樓へ行
○九月十六日　晴
一休暇

一因州招會に付御堀一同二軒亭ニ行
○九月十七日　晴
一於國元母病氣を以暫時御暇之儀
朝廷ニ例之通願出候處被免之實は御國御改正向御用有之此度
殿樣御歸國御一同暫時罷歸候樣との事にて先達て以來輔相卿ニ奉願置
相運候事
○九月十八日　晴
一京都府へ出勤
一若殿樣六條御旅館へ御機嫌克被遊御著過る十二日山口御發駕御艦にて
御著坂なり
一殿樣御參　朝従三位宰相中將叙任幷
御召下紅御袴拜領被　仰出候事
○九月十九日　晴

一御所ゟ出る今日頗る繁遽なり
一昨日　君上恐悦に付　御旅館へ出於御前御酒頂戴之事
一備州藩招會にて柏亭へ行
○九月二十日　晴
一曉小御所へ參仕す
一聖上御機嫌能
御東幸に付辰ノ中刻
御出輦御送申上之候事
一雲藩招會圓山ゟ行御堀大津坪井野村同行也
○九月廿一日　晴
一御旅館へ罷出　御兩殿樣於　御前御會議有之候事
○九月廿二日　晴　嘉節
一夕六條　御旅館へ爲　御窺罷出候事

一夜因藩招會にゐ圓山へ行大津坪井御堀同道なり
○九月廿三日　晴
一殿樣正午御供揃にゐ京都御旅館御發途伏水御止宿之事
一從
朝廷歸省御暇被免候付御供にゐ同斷發途同斷
但今日發途歸國之段辨事江御屆例之通申出候事
一夜於伏水作刕藩招會へ御堀大津一同罷越す御堀は御供大津は御送にゐ
當驛へ今夜同泊す
○九月廿四日　晴
一曉七ッ時伏水乘船出帆夕八半時廣岡久左衞門方著泊す
○九月廿七日　陰
一殿樣御滯坂に付相滯る
○九月廿八日　小雨

一殿樣朝四時御供揃にゐ御乘艦御供にゐ同斷英カラハ艦御雇相成る夕三字天保山沖出帆五字神戸に繋船す

○十月朔日　同

一兩日共逆風强く故繋船す

○十月二日　陰

一曉五字出帆夜暗夜に付十字比讃州沖へ繋船す

○十月三日　陰夜風雨

一朝六字出帆九字比三田尻沖へ繋船す

○十月四日　雨

一朝六字出帆　八字小田湊に著艦　君上中ノ關加藤傳左衞門方御旅館へ御揚陸御泊に付同所へ止宿す

○十月五日　晴

一同八字御供揃にゐ中關御發途鯖山御晝夕五字　君上御機嫌能鴻城御屋

形御歸著被遊御供にゐ罷出夜六字貳拾分下宿之事
○十月六日　晴
一終日內居來客頗多し
○十月七日　陰
一晝後御屋形へ出
御前會議御用筋は於京師詮議仕置候官制其外御改正一件夕七ッ時相濟
下宿
○十月八日　晴
一御歸國御屆飛脚今朝發途に付京師長松東京木戸へ書翰仕出身柄歸著
朝廷へ御屆之儀も長松へ賴越候事
一夕大和ゟ御堀へ行山縣彌八長屋藤兵衞松原一同なり終に一泊す
○十月九日　晴
一御堀ゟ歸り掛前件諸人一同松原へ行夜十二字歸宅

○十月十日　陰夜雨
一終日內居來客頗多し夜山縣井上五御堀等來話す
○十月十一日　晴
一終日內居同前
○十月十四日　晴
一御前會議有之出勤
○十月十七日　陰
一今曉片山正作歸國會津降伏等報知なり
一興國寺へ參拜夫ゟ楫原氏を訪
一寺內暢三昨夜出山之由にゐ今晩來訪一泊す京師之奇談多々なり暢三は
此度雲州津和野へ御使者に付旁出山なり
○十月十八日　晴
一御屋形ゟ召出申來午時出勤於　御前左之通　御直に被仰聞難有奉命仕

候事
朝廷御用之儀も有之候得共歸省中參政上席改正用掛申付との御事
筑前殿今日執政同斷に付御取合相成り萬端筑前申談盡力仕候樣重疊被
仰聞候事
一今般　御昇進幷會津降伏捷報有之於　御前御酒頂戴被　仰付候尚　御
裏へも罷出同斷
一夜寺内同通御堀氏を訪終一泊す京師奇談頗多し
○十月十九日　朝飯後雨
一政事堂出勤
一今般深重之　思召有之官制其外御改正被　仰付候段御發令相成候事
一備前出雲之兩大夫是迄之御役被爲相替御改正御用掛
一杉孫七郎中村誠一參政
一林良輔柏村數馬大監察

一木梨平之進參政試補
一久保松太郎會計主事
右孰も於　御前御直被　仰聞候事
○十月二十日　晴
一休暇
○十月廿一日　陰　○十月廿二日　夜雨　○十月廿三日　晴
右三日共十字出勤
御改正御用頗る繁遽四字比退出官途之者惣御斷申出に付改而御人選追
々御決定被　仰出候事
一今般　君上御昇進其外恐悦に付新　御裏へ被召出御酒頂戴之事
一柏村實母昨夜實兄旅寓迄出山に付今朝相對今晩當家來泊す
○十月廿四日　晴
一如例十字出勤四字下宿す

○十月廿五日　晴
一休暇に付柊小川氏を訪ふ
○十月廿六日　晴
一如例十字出勤五字下宿す
○十月廿七日　晴
一二字後於　御小座鋪執政参政大監察へ御酒頂戴被　仰付難有大酔す
一出勤下宿同前
○十月廿八日　晴
一小播天順山縣正市久松御耕小市宍備中文等來話す
一出勤如例
一二字後二等官以上へ於　御小座敷御酒頂戴被　仰付罷出候事
○十月廿九日　陰
一出勤下宿同前

一山縣彌八明朝ゟ上坂に付爲暇乞到訪
○十月晦日　夜雨
一出勤下宿同前
一御堀同道宇□服部を尋ね折柄正市久松松樹相會し談笑夜五ッ時歸る
○十一月朔日　夜雨
一休暇終日内居
一今明日御國祭に付頗賑合候事
○十一月二日　陰晴半
一例刻出勤
一下り掛郡奉行所へ祭禮通り物見分に罷越す
○十一月三日　陰晴半
一御改正一件御發令
○十一月四日　同

一兩日共例刻出勤
○十一月五日　晴
一學校へ例刻出勤
一君上御出にゐ文兵學講釋　御聽畢ゐ諸敎授方へ被　仰聞有之候事
一杉孫七郎同樣　御滯萩中別執政御用取計被　仰付候段御直に被　仰聞
拜命
一下り掛井上五郎三郎へ諸氏同道罷越
○十一月六日　雪
一君上御供にて萩罷越候事
○十一月七日より　○十一月廿五日迄
一右萩　御滯在中明倫官御殿ニ政事堂被差建日勤御改正一件尤萩地之事
に就御手頗る多忙別段不能詳記
○十一月廿六日　晴

一君上萩御發駕御歸山之事
一右に付萩發途字頭山本に泊す瀬戸崎大庭叔母江四五年間相對不仕之處
當節病氣危篤之由に付爲見廻廻在す
〇十一月廿七日　晴
一瀬戸崎村文江泊す大庭江尋問之事
〇十一月廿八日　晴
一字頭山本に泊す
〇十一月廿九日　晴雨半
一佐々並木村江同斷
〇十一月卅日　晴
一歸山之事
〇十二月五日　晴
一於御屋形御小座敷左之通　御直に被　仰聞之

一御紋七々子御羽織一
一金五拾兩
廣澤兵助
右
朝廷御用中今般纔之御暇にて罷歸候處歸省中參政上座改正詮議掛申付
候就ては不尋常大事件入はまり無寸暇用向相勤改正一件都合之目途も
相立不一通令苦心候段滿足之到候依之此品遣し候
○十二月七日　雨
一同前左之通
廣澤兵助
右滯京中參政現勤之心得を以所勤申付之
○十二月十一日
一今般從　太政官參與席御無人に付至急上京候樣にとの　御沙汰之旨有

之今日發途再上京す

（表紙）
「明治紀元戊辰冬十二月改
同二己巳春三月廿八日迄
第三
日　載」

○十二月十一日　晴

一今般従
朝廷至急上京候様　御沙汰有之今朝四ッ時鴻城發途々中松原音三小川市左衛門兩家ゟ立寄呉候様申事に付任其意参政初諸官途等送來暫時頗盛宴離別を惜と雖も終八半時小川を出速騎にて薄三た尻土井清拾郎方到着御堀耕助當地迄送來る夜服部半七郎送別招會にて堀口山城屋に行又當地之諸子集會す夜半旅寓に歸泊す

○十二月十二日　晴

一朝御堀同道今日海軍學校新に御造營開業に付出勤す直樣製油局見分に罷越相濟堀口山城屋ゝ行當地役人中送別招會頗る盛なり終夕七ッ時飛船ゝ乘組別離す卽時出帆風潮不順今夜龍ヶ口ゝ繋船

○十二月十三日　夕雨

一晴八ッ時稍風潮順を得出帆七ッ時室津ゝ繋船肥後屋直助方揚陸す

○十二月十四日　晴

一風潮稍順能正午出帆夕七半時沖家室繋

○十二月十五日　陰

一同前に付朝六半時出帆正午前ゟ逆風に付卽時豫州相ノ嶋へ繋船

○十二月十六日　陰于時雨　○十二月十七日　同斷　○十二月十八日　晴

一兩三日相ノ嶋碇泊稍順風朝六半時出帆風潮惡敷正午御手洗繋船

○十二月廿二日　晴

一十八日後御手洗碇泊稍順風を得朝四時出帆夕八半時出帆尾ノ道ゟ一里

程下向嶋に繋船
○十二月廿三日　夕雨
一朝五ッ時出帆逆風間切薄暮鞆に繋船
○十二月廿五日　陰
一昨日ゟ鞆碇泊風潮稍順を得夕八時出帆夜六半時下津井繋船
○十二月廿六日　陰
一朝五ッ時出帆逆風間切夕八半時佐越に繋船
○十二月廿七日　晴
一朝六半時出帆室津裏にて鹽待四半時風潮大に順能夜五半時兵庫繋船中
國屋伊左衞門方揚陸
○十二月廿八日　晴
一於中國屋伊藤俊輔檜了介に出會寛話中左之件々初而承知
○聖上益御機嫌能本月八日東京御發輦同廿二日無御滯

還幸被爲在候事
○奥羽北越降賊諸侯御所置被爲濟候事
一於同所奥羽ゟ出張兵隊々長桂太郎に相對戰中之苦情概略承知不堪感銘
此隊尤困難之地に陷り九死一生を得悲歎之到なり當地より外國船乗組
歸國に付縷々御國政府ゟ傳言す
一順風に付正午出帆夕七ッ半時浪花常安橋着船々中實に不順大に遲着な
り廣岡久右衛門方揚陸す
一漸今日着坂之段京師ゟ飛檄を以報知す
一月迎に付淀船々留に付御用船仕向其向及掛合相調候付荷物幷先越之者
直樣當夜乗船出發す
一當地邸監藤井七郎左衛門其外ゟ相對上國之近狀略承知す
○十二月廿九日　晴夕雨
一朝五時淀船乗組出發夜半伏水着龜田屋ゟ揚陸にて泊す

己巳〇明治二年

〇正月元旦　晴

一旅中無異越年

一槇村半九郎吉田半輔其外伏水ニ為出迎來る京師之近狀を略承知す

一正午伏水出馬夕七ッ時京都木屋街六番旅寓ニ無障着す來客頗る多し

一世子君御旅館より御用召に付薄暮罷出拜謁御國　上々様御機嫌克幷御靜謐之段言上す

今般御國官制階級等御改正一件其他御用之廉々言上す

當地之事件段々御咄被為在種々御下問被　仰聞畢而夜五半時歸寓

一着京御屆辨事ニ差出候事

〇正月二日

一昨夜來風氣に付參　朝不得仕段辨事ニ御屆例之通

一奈良府ゟ伊勢新左衞門滯京に付於柏亭野村右中大津四郎右衞門坪井宗

右衛門等集會寛話す
一儲公より鶴一羽拜領仕候事
一今曉來多客
○正月三日　晴
一不快を以て引籠る
一夜雲藩招會にて柏亭ニ伊勢野村大津坪井槇村一同罷越す
○正月四日　晴
一快氣外勤早朝輔相岩倉卿ニ參殿拜謁
東幸以來
朝廷之御樣子大事件御寛話拜承猶御國より御内用一件幷去冬歸省中御國御改正概略盛行之段陳述す
一今日太政官御政始に付參　朝先辨事當番ニ過る元旦着京後不快今日初て參仕幷年始　御祝詞等御厚禮申上之

一輔相議定參與辨事五官參事幷判事京都府知事幷判事等
小御所ニ伺公之上　出御詔被　仰出輔相卿御讀知謹而奉聽次に
勅語去年戰爭速に天下平定之上は戰功速に可致撿議旨被　仰聞謹而御
請諸官有司追々御前に罷出引請之諸政言上御政始一件畢而
立御諸有司詰所に引取休息所において御祝酒賜る前件
詔追而日誌に出るを以て不爲記載夕七ッ時退出歸り掛世子君御旅館出
今朝岩倉卿相伺幷御國表御內用伺申上之
一夜至而御旅館ニ出於　御前御酒頂戴す
○正月五日　陰
一朝十字時官代參仕夕四字時退出
一退出無間大久保一藏ゟ急來翰趣は今夕横井平四郞退出途中御靈におい
て何者共不知不意斬殺首級持去候段屆出候付而
朝廷御登庸中別而不容易次第可惡之到自今

朝威立不立は此御所分に有之於京府嚴重手配速に惡徒召捕候樣宜敷可
致差配旨申越候樣輔相卿被命候段委縷報知す實に遺憾之次第及直所置
疾速槇村半九郎ニ得斗相授先京府出勤申付猶御國取締方之者爲探索差
出候處夜六半時解死（下手カ）人壹名深手負にて斃れ居候段都合手繼き相分り候
段報歸候折柄又候大久保氏より急狀來る前件達
叡聞候處深被爲惱
宸怒早速惡徒召捕嚴重可致所置旨被　仰出候段輔相卿ゟ爲傳候樣との
事に付當時相分候處一先及注進置直に　京都府ニ出勤段々駈引せしめ
終に徹夜翌朝五ツ時下宿

○正月六日　陰

一御國より承り來候岩倉卿へ蛇蝎燒被送之分幷去年來追々數種彼卿より
頂戴物仕候付萩燒取手火鉢鯨塩漬等差上度一同今朝爲持差越御受納相
成候事

一晝後京都府參仕今日休暇候得共昨夕横井氏斬殺一件御用にᅲ惣出勤薄暮下宿す
一去年伏水始戰以來連日戰死之者一周忌に付於東福寺招魂祭有之　儲君御微行にᅲ御出圓山御小休等有之被召候得共前條差湊を以御斷申上る
○正月七日　晴
一昨夜御國より舊臘暮詰之御飛脚着京にᅲ御用狀來る御靜謐るす狀同斷之處同二十日大庭叔母死去之段報告有之依之常式之忌日數相立居候得共遠慮罷出之段辨事に御屆申出槇村半九郎を以
朝廷服忌令承合候處總ᅲ半減之式無之遠國より告來常式之忌相立候得は聞掛ケ半減之遠慮可致段承知す依之來る十一日迄遠慮服三十日なり
一槇村半九郎を輔相岩倉卿に差出過日參殿之節御内願申上置候　洞春公正親町帝御卽位料御貢獻被爲在候御功賞として於武家無比類御褒美を賜り候次第幷　毛利御家御次第書寫共三册御直に差上候猶又　崇文公

御著書斯事語世子詰文共　御内獻之儀御都合振承り歸り候事
一同人事官代ニ差出横井斬殺惡黨吟味之手續輔相議參衆ニ委鋪申上候樣
相授置候事
一今日仕廻御國ニ之飛脚出立に付御用狀内狀數通仕出す
一芳之助樣御家督被　仰出當年御拾五歲被爲成候付御叙爵之儀御願被成
可然段今朝宮庄主水呼寄相授置候此段
朝廷向御規則前以辨官事聞合置候上取計其段御國ニも申越候事
一御國ニ申越御用筋緊要左之通
○君上御上京御都合
○儲君御去留
○洞春公御神號
○芳之助樣御叙爵
右件々輔相卿ニ御内々相伺候節未た結末は半途候得共形行之儘申越す

○正月八日　陰夜雪
一朝四ッ時前度々小震動
一夕根來大夫ゟ行寛話薄暮　御旅館ゟ出　拜謁段々御寛談被　仰聞夜五ッ時下宿遠慮中候得共御免を以出伺す
○正月九日　朝雪夕晴
一過る七日從御國大庭叔母死去之到來有之遠慮罷居候段及御屆置候處今夕御附紙を以不及遠慮段　御沙汰相成候事
○正月十日　晴
一早朝御用有之　御旅館ゟ相謁す
一例刻官代ゟ參　仕夕七ッ時下宿す
一輔相三條卿志州鳥羽ゟ揚陸にゐ來る十三日の御歸京之段從彼地御書翰來る
○正月十一日　雨

一早朝輔相岩倉卿へ參殿拜謁緊要事件段々言上す晝前歸る
一晝前より薄暮ニ引續き大久保一藏福岡藤次等尋來及寛話
一夜　御旅館へ出る拜謁之上段々御用言上幷明日御參　朝之上斯事語世子詰文御內獻相成候樣との輔相卿御傳言之趣申上置
一今日休暇
○正月十二日　晴
一來る十四日
賢所御神樂に付一昨九日夜より重輕服參　朝不相成に付官代に不勤す
一朝四ッ時京都府出勤夕七ッ半時下宿
一御別封公議人中其外招待にて野村大津坪井一同中村屋へ行夜半歸る
一早朝有栖川宮へ參　殿拜謁す此內以來參殿之儀申參居候得共遠慮中を以相斷置漸今日參殿す
○正月十三日　夕雪

一例刻京都府出勤例刻退出
一雲州若公より待招に付彼邸へ行夜五半時歸る
一輔相三條卿東京より御歸京相成候事
一横井氏斬殺一件より諸口往來留之處今日往來明きに相成候事
○正月十四日　雪
一內賢所御神樂被爲在候付重輕服改に付參　朝不仕候事
一夕於圓山端之寮薩長土三藩集會に付行頗る盛宴夜半歸る
○正月十五日　陰
一今日休暇被　仰出候得共格別御用有參仕候樣との御達を以巳ノ刻參朝
八半時歸宿
一早朝條卿ぃ出殿す
一夜御旅館へ出る舊臘　君上御年賀之御料理被召上に付被爲召御酒頂戴
之事

○正月十六日　晴

一君上御乘廻御陪乘朝四ッ時御出門三條通西ニ油小路南へ五條通東へ燒物師六兵衞方御小休膤亭御晝にᅎ夕別約有之此所にᅎ御供被免ニ事

一夕七ッ時中村屋においてᅎ野村山縣大津坪井井原等招會す折柄越藩松平寛之助來會す

一今晝長松文輔御國ゟ着京

○正月十七日　雪

一早朝三條卿參殿拜謁す

一九字時參　朝六字時退出

一夜山縣旅寓へ藤井一同集會京攝御用向及熟談

○正月十八日　晴

一早朝土藩毛利恭助へ大谷何某來訪薩土肥長御連名御建白一件なり彌治定す

一昨日輔相岩倉卿御辭表之内被免輔相候而議定舊之通尤御同僚中上席被
仰出候事
一官代議參分課幷勤仕中總御規則被　仰出候事
一夜岩宮庄其外招待にて中村屋へ行四ッ時歸寓
○正月十九日　晴
一舞被遊　朝
御覽候付女房ゟ御案内廻達奉命候得共昨夜來腹痛なる故を以て參
不仕段辨事へ御屆仕候事
一明朝ゟ山本林之助歸國に付參政ゟ御用狀仕出す
一夕柏亭に於て福羽五位馬場蒼心其他野村坪井大津長松槇村等と集會す
○正月廿日　晴
一例刻官代へ參　仕夕八半時退出す
一六字時より副島岩下大隈三參與一同岩倉殿へ集會夜半歸寓す

一今日より大久保俄に下坂に付御用物壹箱岩下より請取之
○正月廿一日　雨
一休暇
一夕山縣藤井を八新にゐ招會山縣は近々歸國藤井下坂故別杯なり
一林良輔御國ゟ著京
一東京出張遊擊隊被免御暇艦にゐ神戸着岸之由を以同隊早川亘名島笹尾上京す
○正月廿二日　雨
一例刻參　朝薄暮退出
一夕林良輔來話御國之御用段々及示談置候事
一夜　御旅館に野村一同被召御酒頂戴す
○正月廿三日　陰
一例刻官代に出夕四字時退出

一夕福羽四位并津和野要路之者招會にて梅亭ニ坪井長松槇村小野森同道行四半時歸る
一山縣藤井發途山縣は歸國藤井は下坂なり
○正月廿四日　晴
一所勞を以不參之儀例之通辨事ニ御屆申上候事
一東京木戸大村ニ書狀相認置辨事ニ爲持差越す
一夜巖國宮庄主水橫道外記栗原純平待招にて根來大夫林良輔ニも來話九ッ時散す
一芳之助樣御敍爵被　仰出候事
○正月廿五日　晴
一例刻參　朝五字時退出
一夕　御旅館へ　仁和寺宮久留米公四條坊城兩卿等御招待に付爲御取持罷出夜四時歸寓す

○正月廿六日　晴
一休暇御國ゟ之飛脚出立に付御用狀差越す
一夕重見多仲同道散步す
○正月廿七日　雨
一例刻官代出例刻退出
一雲州若公御招待にゐ中立賣瑞一郎方也　儲君駿河守樣御出に付根來大夫一同被召罷越夜四ッ時歸寓す
○正月廿八日　晴
一例刻參　朝例刻退出す
一夜根來大夫林侍御一同巖國ゟ招待にゐ柏亭ゟ行四ッ時歸寓す
一夕因藩河崎政之丞沖探三來話版籍返上一件なり
○正月廿九日　陰
一例刻參　朝例刻退出

一薩長兩藩ゟ
勅使被差立候段被仰出就而は　儲君兼而御内願之筋も被爲在御一同御
歸國可然との夫々御内意共發表被爲在候事
一右に付以極急飛御國ゟ報告す
一夜右一件に付　御旅館へ出根來林野村一同相決議す
○正月晦日　晴
一例刻參　朝例刻退出
一勅使一件表通り被　仰出候事
○二月朔日　晴
一休暇
一夕木屋町土州下陣において岩倉卿御招待德大寺中御門兩卿越前宇和島
兩公　儲君幷大久保大隈身柄共罷越夜五ッ時御拔き候事
○二月二日　雨

一胸痛に付不　參御屆例之通
一去月晦日此度
御東幸供奉被　仰付候段辨事坊城中納言殿ゟ御内意奉之
一明日より　儲君御發途御歸國に付御用召夜所勞差押へ夜　御旅館に出る
○二月三日　雨
一所勞不　參御屆例之通
一儲君今晝一字時　御機嫌能御發途被遊ヽ差押爲御送御旅館に出る
一御國に之
勅使御同様御發途御一同之御都合なり
○二月四日　晴
一例刻參　朝例刻退出
○二月五日　晴

一胸痛聢無之引籠る御届例之通
一竹田庸伯歸國付病院莊原簑助診察讓呉今日刺脈幷發泡相用置服藥如舊なり
○二月六日
一休暇候得共急御用有之條卿より參殿之儀申來り早朝出る晝歸る
一坂本龍馬中岡愼太郎招魂祭今日於靈山相營候付爲案內吉井源馬過日入來に付林良輔長松文輔同道にて晝後夜六ッ時歸る
一今夜胸痛尤烈し不得熟睡
○二月七日　陰
一病氣に付不參御屆例之通
一春嶽公より御側醫師岩佐玄珪爲診察被差越公之御懇切幸を以以後見合相賴候事
○二月八日　雨

一早朝莊原ニ示談御人岩佐ニ參り治療方得斗申合呉候樣相賴み後刻兩人
來診昨夜も不得熟睡胸痛尤甚し今日ゟ岩佐にても藥差出す

○二月九日　陰

一胸痛同前

一今日御國ニ之飛脚出立に付御用狀其外仕出す

一今般

御東幸に付供奉被　仰下候段辨事より廻章を以て　御沙汰を奉す左之
通御連名

輔相　三條右大臣殿

議定　中山儀同殿

徳大寺大納言殿

追て御病氣を以供奉被免

中御門大納言殿

神廟　御拜濟後御留守詰被　仰出御歸京

越前中納言殿

追て御實母へ看病御歸國を以供奉被免

議定　池田中納言殿

參與　阿野中納言殿
　　　廣澤兵助

追て供奉御沙汰

辨事　坊城中納言殿
　　　五辻彈正大弼殿
　　　千種三位殿

同

參與　神山五位

御出輦前日辨事より轉す

刑法判事　間島万次郎

○二月十日　雨　十一日　十二日　十三日　十四日

右連日胸痛漸々快方尤正服《マヽ》にけいれん有之時々左臍脇に依り又一種の痛をなす

○二月十五日

夜半より大服《マヽ》痛を以て不成安眠

○二月十六日　二月十七日

右兩日共晝夜無休所正服臍脇より間々胸落へ掛け大苦痛且時々吐氣を催し一粒一水の食氣不通更に安眠ならす漸次大艱難す過る十日より岩佐玄珪下坂中庄原簑助幷岩佐門生にて診察す病甚敷を以て明日典藥頭伊東圖書少允横山修理大進と配劑を決定し夫々招待相運ふ

○二月十八日

苦痛の情狀日に增甚し正午伊東横山其外集會診察す藥法申談す

○二月十九日

同前諸醫屢來り診察す

一此内以來の所勞尤艱難之段達
叡聞夕伊東圖書少允を以て改て爲診察被差越候事
一輔相三條卿議定岩倉卿より病氣危篤に付ては趣次第蘭醫ホートイン大
坂より可被召段御内意有之諸醫尤盡力す明朝配劑の上右召す不召の處
可爲決定段評決す
○二月廿日
病體都合同前と申中聊眠るの隙痛み稍寛なり
一早朝伊東横山岩佐玄珪庄原簑助集會診察先つホートイン不召に請合餘
程盡力す孰も一日兩度宛見廻す
一御所より爲御尋問御使町口美濃守を以御菓子二種干菓子蜜柑下賜候難有次
第奉感銘候彼是　鴻恩を以て漸次苦痛寛穩なるを覺ゆ
○二月廿一日
容體都合同前

一輔相弁議定公卿諸侯其他より追々見廻の使者を以て菓子等到來す
○二月廿二日
同前尤痛み漸次甘き始て煮拔を飲む
○二月廿三日　二月廿四日　二月廿五日　二月廿六日　二月廿七日　二月廿八日
右漸次快方に趣く粥少々宛勸む
○二月廿九日
容體同前
一殿樣依　御召過る廿三日山口御發途今八ッ時被遊御上京御旅館角倉なり
一所勞に付御干菓子一箱拜領す
○二月三十日
一容體同前
一過る十七日より庄原其外病院ゟ一人宛晝夜相詰居餘程快方に付今日よ

り差止候事

○三月二日

昨夜より又々少々腹痛有之隨て食事不進聊快方中の出來不出來と見ゆれ共永病臥を以て不堪疲勞事

一薩州中將公我　君公御同樣にて今日御上京御着掛　君公御旅館へ御立寄　御對顏有之候事

○三月三日

一容體同前

○三月四日

一少腹痛止む食事又粥相應進む

一去月末方の容體には來る七日御發輦供奉も且々可相整哉之處一兩日之動作にて少し見合彌快方の上御跡より出立可然との諸元醫申分に付辨事へ其段願文差出す追て五辻

彈正大弼殿辨事より長松文輔代聞を以て願之通被免尤快方候へは　御途中へ駈付候樣御口達を以て御達拜命す

○三月六日

漸次快方

一右二月十日後日載其概略を今日記す實に九死一生を得大祝の至なり

○三月七日　朝陰晝後雨

一御東幸御出輦無御滯被爲濟恐悅奉存候事

一今日始而沐浴す更に動く無之彌快方を歡居候事

○三月八日　晴

一晝後始而外出試歩夕七ッ時歸る更に同斷

○三月九日　陰時々雨

一朝御旅館ゟ出　君上御上京後始て拜謁仕候事

午後試歩無別條漸次快方

○三月十日　晴

一病氣快方に付明朝發途來る十四日四日市驛　御泊江罷出御供奉相加候に決定に付今朝岩倉議定卿江參殿拜謁

御所江出議參一同江都合之御用相窺辨事江相届置午時退出之事

一君上より御上り御下御小重壹組頂戴仕候事

一君上にも來る十二日御發途御歸國可被遊御決候事

○三月十一日　晴

一今日發途に付　御旅館江出　君上江拜謁於　御前御小袴地壹具仙臺平拜領之

一暇乞來客多々

一巳之刻京木屋町旅寓發途大津晝に而申ノ刻草津驛着泊

一駈（蹴カ）上ケ迄送來る不尠

一膳所領通行之節先拂□（不明）人宛出使者勤有之

○三月十二日　晴
一辰之下刻草津發水口晝申ノ刻土山着泊す
一水口領通行膳所に同し
○三月十三日　晝後雨
一辰之上刻發途關晝未之下刻庄野宿着泊す
一龜山領通行前に同し
○三月十四日　朝晴
一卯之下刻出足正午四日市着泊す
一聖上益御機嫌克　無御滯順々
御通輦今朝津御立にて夕七ツ時當四日市被爲在　御着輦奉恐悅候事
一行在所罷出先達て所勞快方にて漸過る十一日京都出途今晝當驛罷越御
供奉召加候段辨事坊城西四辻千種三卿は御屆幷　御窺申上候事
一輔相三條卿御旅館罷出相謁前件之趣申上幷於京都岩倉德大寺兩議定卿

ゟ之御傳言申上候事
一阿野參與卿神山五位ゟ使を以前之件申達御供奉當非番之所及掛合候事
一伊藤横山兩典藥頭京都一別來之容體如何哉とにゐ爲診察來訪す
○三月十五日　快晴
一朝六ッ半前
御發輦御供奉仕御小休壹度有之同四ッ時桑名驛　御着輦御泊り
一長持貳棹幷長持壹棹共宮驛先廻し大渡仕出に付權之進附添今夕乘船差越候事
一未之刻
行在所參仕
天顏拜幷議事有之同下刻下宿
○三月十六日　快晴
一佐屋川　御乘船に付明六ッ時御先ゟ乘船參與阿野卿神山刑法判事間島

一同相船壹里程上り揚陸御待請無間　御着船供奉仕佐屋御晝夕七ッ時
前熱田御着泊
一熱田社ニ
御代拜　勅使辨事坊城卿御勤
一夜於
御前御酒饌被下候付罷出候樣
御沙汰有之候處病後故下宿之上彼是治療有之無據不參之段辨事ニ相届
候處爾後右不參に付御酒肴下賜候段御使者を以辨事より下宿ニ御持せ
頂戴仕候事
一尾州より御使者有之候事
○三月十七日　快晴
一明六ッ半時
御發輦池鯉鮒御晝夕八ッ半時岡崎御着泊

一西尾侯御領内池鯉鮒其外前後江御迎送罷出候事
一岡崎侯當　御泊御引請に付御領境江御迎同斷
○三月十八日　曇天
一朝六半時
御出輦赤坂御晝夕八ツ時過き吉田驛御着輦御泊
一今朝於岡崎
行在所輔相卿御事東京に而
御着輦前彼是御取調御用筋（マヽ）被爲明夜濱松　御泊より御先越被爲成候段
御決定候事
一御途中西大寺（マヽ）侯領内御送迎三河知縣事吉田侯等孰も前に同斷
一吉田侯より御使者有之候事
一輔相卿より御交肴頂戴す
十九日分記入

一當地より駿州公領內御引請にゐ御使有之
○三月十九日　晴風强
一朝六ッ時過
御出輦新居驛御晝渡海順風乘組佐屋に同し夕八ッ半時濱松
御泊輦
一着後輔相卿より御使來る其御旨趣は一昨來御風氣都合御當分之事には
候得共被成御園當夜前宿舞坂御泊にゐ明晚懸《マヽ》川驛
御泊輦ハ御追附被爲成右御容體にゐは東京ハ御先着之儀不被成御調に
付神山申談兩人間にゐ壹人右御用筋を以明朝ゟ東下候樣との御事
右に付辨事ハ相達早刻議參
行在所罷出議事之上相決候樣夫々通達之儀例之通賴越候事
一薄暮右御用にゐ參仕都合相公御申越之處異論無之候得共明朝當驛御跡
ハ殘居今一應得斗輔相卿ハ御用筋相伺候上出立可然尤身柄所勞後未た

本復不立到行程を倍し候儀難澁之容體に付神山東下と相決候事
一右相濟御酒肴頂戴被　仰付候事
○三月廿日　晴
一朝六半時
御出輦袋井驛御晝夕八半時過き懸《マヽ》川驛
御泊輦
○三月廿一日　晴
一朝六半時
御發輦佐屋中山前暫く　御馬被爲召金谷御晝大井川無御滯　御通行夕
八半時過き藤枝宿
御泊輦
一過る十九日濱松
御泊輦之節議事有之通神山御先着之事相決し今夕當驛旅寓へ尋來輔相

卿思食之程云々承知仕同人直樣發途當夜先宿岡部泊にして順々先着之段內決之由承知す
一輔相三條公御風氣御聢に無之當夜掛川御泊明日御滯泊にゐ御療養之上御泊輦ハ追ゐ御駈附之段御報有之
○三月廿二日　陰朝四半時雨
一朝六半時
御發輦府中御晝夕七ッ時前江尻驛御泊輦
一府中にゐ德川公御迎送有之候事
一同公御使を以甘鹽甘鯛十五當所名產盃一被差送候事
一阿野參與卿　御旅中議定御無人に付議定席出伺被　仰出候事今朝藤枝においての
○三月廿三日　朝晴
一朝六ッ半前

御出輦清見寺御小休雨後尤絶景只浮雲富士山を覆ひ不見を遺憾す蒲原驛　御晝夕七ッ時前吉原驛
御泊輦
一夕吉原にて
行在所ゟ甘鹽鯛二枚宛議參幷刑法判事ぃ下賜に付辨事ゟ爲持難有頂戴仕候事
○三月廿四日　快晴
一朝六半時
御發輦沼津　御晝夕八ッ時三しま
御泊輦
一沼津迄駿公領内御途中警衛其外格別御手厚有之事
一當三島驛韮山縣支配所知事江川太郎左衛門柏木總藏其外御迎送例之通り

一柏木總藏尋來議事院談一部先月上板に付持參呉候事
○三月廿五日　晴
一朝七ツ時過
御出輦箱根　御晝夕七ツ時前　小田原驛
御泊輦
一御列外御先越曉八半時出途正午小田原着之事
一大久保岩丸侯御迎幷於
行在所
御對面被爲在候事
一同侯ゟ旅寓ぃ使者有之候事
一山無御滯
御通輦奉恐悅候事
○三月廿六日　晴夜大雨

一朝六半時
御出輦大磯　御晝夕八半時藤澤驛
御泊輦
一酒匂川ゟ神奈川縣支配所にて役々御迎に出幷兵隊　御列先御警衛仕候
事
一辨事平松卿當
御泊輦ゟ東京ゟ爲御窺被罷出候事
○三月廿七日　朝大雨晝晴夕雨又晴
一朝六半時前
御出輦神奈川　御晝夕薄暮前品川驛
御泊輦
一神奈川縣支配所御警衛其外昨日之通尤外國人爲拜禮御途中ゟ罷出之儀
一切無之事

一當品川同縣引請に而御迎其他例之通
一東京詰議定正親町三條卿阿州侯宇和島侯東久世卿刑法副知官事備前侯
參與後藤等爲御窺當品川
行在所前ニ御出迎有之候事
一神祇官副知官事津和野侯判事福羽共伊勢　神廟御拜禮濟後御先越に而
同斷
一井上新一郎幷御國御出入の町人數名旅寓ニ尋來相對之事
○三月廿八日　快晴
一朝五ツ時
御出輦御列御本式御道筋通り尾張町ゟ筋違見附馬場先門ゟ四ツ時無御
滯　益御機嫌能東京西城ニ被遊
御着輦恐悅候事
一諸官幷詰居諸侯大夫等官等順序を以夫々御出迎有之候事

一御着輦御折合之上供奉御待請共三等官以上一同
御對面被爲在
天顔拜之
一正午下宿表四番丁元荒尾純三郎屋敷一圓拜借被　仰付候事
一御屋敷ゟ來客多々幷御出入之町人共多人數歡として罷越候事
一供奉之面々三日之間休暇出仕不及段被　仰出候事
以上

（表紙）

日載

明治二年

○三月廿九日　晴

一昨廿八日東京

御着輦供奉に付休暇

一來客多々

○三月卅日　陰小雨

一昨夕糀町三丁目番町筋失火元旗下屋敷兩三軒燒失大分風有之當家僅四

五丁之處にゐ風下彼是煩念之所早く鎮火安堵候事

一昨記之通休暇來客多々

一御國留守狀柏村御堀大津野村坪井京都林槇村等ゟ之書狀認置近々官代

御用便に差出含候事

○四月朔日

一昨記之通休暇來客多々

一櫻井愼平此度奥羽邊鎭撫總督ニ隨從にて明日乘船罷越候段書中を以申越候事

總督久我大納言卿なり

○四月二日　陰

一今朝八字登城候樣昨夜辨事より達し有之同刻參仕於御前議事有之此節橫濱所々におゐて外國人ニ致無禮候者有之候處右惡黨未た御手不就に付彼是各國公使難題申出昨日迄兩三日間餘程知事判知事初談判心配候得共承引不致先交際相絶候姿に形行御一大事之儀に付紛紜御評議有之先右惡黨御取糺一條嚴重に就御手候上猶各國ニ談判

可相成段御決定之事

一御政府御威權兎角地に陷ち終には瓦解之基を釀出難計に付屹度御政府之御基礎被爲締候儀御至急に付御評議有之落着相成候事

一夕四字退出掛大村益次郎を尋ね寛々談話夫ゟ同人一同此度御拜領之御屋敷神田見附内元酒井雅樂頭屋敷なり夫ゟ龍越内藤左兵衛其外相尋ね薄暮歸寓

一夜野村道三横濱より罷越彼地近狀其外承知す

○四月三日　晴午後風

一朝九字參　城夕四字退出

一外國一件致無禮候もの手懸り確證不得留之處既に今朝八字英公使高輪館より横濱引取候に付而は甚於御政府不都合に付一應之謝罪之爲め議定德大寺卿阿州侯一同高輪ゟ詰り横濱館迄御出に決定す

○四月四日　晴

一朝九字時參　朝夕三字退出
一御政體御改正諸官人選議事有之
一刑法官ゟ當地在勤ㇾ面々不正ㇾ風聞紛紜承知す
○四月五日　晴
一朝第九字參　朝夕四字退出
一今早朝輔相卿に御用有之參殿拜謁す
一下宿掛備前侯待招に付罷越夜五ッ半時下宿ㇾ事
○四月六日　晴
一休暇ㇾ處此度諸官御改正人選等ㇾ議有之議政官計參仕に付朝八時參
朝夕四字下宿
一夕庸之允健三着右は先達ゟ大患ㇾ段御國へ到來有之爲看病罷越去月九日山口發途上京ㇾ處駈違ひ暫滯京鈴川平拾郎同道にゟ今日東京着す御國ㇾ安否具に承知安堵す

一中村誠一其外段々東下前文一同今日御屋敷へ着之由
○四月七日　晴
一去月廿六日箱館賊徒追討手始賊艦を打沈め官軍勝利之報告有之一昨五
日記落に付是に記す
一朝九時出仕夕六時退出之事
○四月八日
一朝第九時參　朝夕第六時退出
一議定德大寺卿より左之通　御沙汰書御渡拜命す

廣澤兵助

本官を以て民部官副知事兼勤被　仰付候事

行政官

一此度民部官被置神祇官以下と六官にして從前窺願等總而辨事へ差出來
候所向後諸官ゟ關係之事件は其官々に向け可差出段被　仰出一官之事

大概其知事へ御委任被　仰付候段今日御發令

一阿州侯民部官知事本官より御兼勤同様被　仰出其他諸官人選等段々被仰出候事

一數馬兄ゟ去月廿四日御國仕出木戸ゟ本月三日京都仕出等書狀到來す御國飛脚便を以て

一中村其外東下便を以て京師槇村より御用物數冊幷に書狀共昨七日到來す

一宇和島侯大隈共今日横濱ゟ罷歸參　朝にゐ外國一件議事有之

○四月九日　晴

一朝第八時參　朝夕第六時退出

一民部官當分　西城内是迄辨事府縣懸り役所へ相立候事

一民部官諸官今日被　仰出候事

一杉孫七郎本月四日山口出發蒸氣にゐ横濱着今夕當府御屋敷へ着にて柏

村大兄寺内暢〔藏〕ゟ〔來〕翰るす状到着無事小幡宍戸より書状來る
○四月十日　晴
一朝第九字參　朝御用相濟夜六半時下宿
一英國公使爲應接輔相三條卿議定正三卿德大寺卿阿州侯刑法知事備前侯參與身柄神祇判官事福羽刑法同中島軍務副知官事大村外國掛り宇和島侯同副大隈其外判事寺島中島等夕第三時三田ひしり坂公使館へ行紛紜談判之上薄暮引取候事
過日來紛紜之事態有之交接相絶居候姿之處漸今日之決末を以て先以前之通相復し收拾相附候事
○四月十一日　晴　休暇
一早朝杉孫七郎中村誠一尋來彼是御國之御用向相談し晝第十時引取候事
一阿州侯御使直翰持參御用之儀にゐ至急罷越呉候樣との事に付晝第十一時彼邸罷出御相對之上彼是御示談相濟第十二時退出す

一右直樣御屋敷江行杉中村同道木挽町櫻亭より船にて八百善江行寛談當地着以後始而暇を得欝氣を散す多與夜第拾字木挽町江揚陸第十一時過き歸寓す

一今日御國江飛脚出立に付るす狀仕出す

○四月十二日　晴

一朝第九時參　朝晝（マヽ）第六時退出

○四月十三日　晴

一朝第八時參　朝夕第七時退出

一行政官江輔相其外議定參與共出席行政議官行形にして相立候段御決議之事

○四月十四日　晝後雨

一朝第九時參　朝夕第五時退出

一浪士御所置因州一件御決議相成候事

○四月十五日　晴

一朝第八時参　朝夕第三時退出

一民部官大名小路元稲葉美濃守屋敷閣老役邸江近日可相開に付阿州侯一同為見分退出掛罷越候事

一右より直様御屋敷に行杉中村鈴川江罷越薄暮歸宿す

○四月十六日　晴

休暇

一近隣江廻禮直様長松文輔同道淺原邊迄散歩始而當市中之形勢一見す歸り今戸より船に而牛込御門近歸り薄暮罷歸る

一若殿様御機嫌克今日被遊御着候段外出中御屋敷より報告す本月十一日鴻城御發途十二日華浦より御乗艦神戸に而暫御碇泊之由御順海奉恐悦候事

○四月十七日　陰

一早朝御屋敷出　若殿様御目見被　仰付恐悦申上當地之近況大略言上す
一朝第九時參　朝夕第五時退出
一今日仕廻次第御國へ飛脚罷歸り候付るす状一封仕出す
○四月十八日　陰
一朝第九時參　朝第五時退出
一世子君初而御參　朝被爲在候事
○四月十九日　晝ゟ雨
一朝十字參　朝第四時退出
一田中五位渡邊昇京師ゟ船路昨夜着府にゐ至急之御用有之議事有之候事
諸侯其外御召に付御下問一件なり
○四月廿日　晴
一朝第九字時參　朝夕第五時過退出
一於御學問所御前議事有之議參五官知事副知事共被　召出

出御之上輔相卿御演説を以て被　仰聞今般侯伯大夫士ニ御下問也
詔御讀知拜聽之
○四月廿一日　晴
一休暇
一早朝御屋敷ニ出　儲君ニ拜謁紛紜言上す杉參政ニ御用談有之行青木笠
原内藤を尋ね晝出上野不忍池邊散歩　夕第五時歸寓
○四月廿二日　晝後風雨
一朝第十時參　朝夕第四時退出
一民部官明朝ゟ大名小路元閣老屋敷相開候段決議す
一東京府判事葛飾知縣事共當官ニ罷出小金其外開墾一件申談濟
一明日より御國飛脚出立に付るす狀幷柏村兄へ書狀差出す
一四品以上諸侯惣參　朝御下問之　詔被　仰聞之
○四月廿三日　雨

一朝第九時民部官出仕夕第五時退出
○四月廿四日　晴
一朝第九時民部官出仕夕第五時退出
一退出掛參　朝す
○四月廿五日　晴
一朝同前正午參　朝夕第六時退出
一議定岩倉卿參與大久保其外着府
一輔相卿より御用を以後藤同道退出掛岩倉卿へ出拜謁す右は御着輦後當地之情實紛紜之次第言上す相濟夜第九時歸寓
○四月廿六日　晴
一休暇無之朝第十時參　朝楮幣之事議事有之其他段々御用談有之夕第五時退出
一杉中村鈴川笠原小野寺等來話夜第拾一時分散す

○四月廿七日　陰晝ゟ雨
一健三事今朝發足歸國内藤彥作同道なり
一右に付朝第九時御屋敷罷越内藤ゟ暇乞願旁相尋候事
一朝第十一時民部官出仕夕第六時退出
一退出掛輔相卿ゟ參殿之樣今朝御使罷越候付直樣罷出拜謁紛紜御用筋承知仕夜に入罷出第十時歸宅
○四月廿八日　陰
一早朝大久保參與を尋相對輔相卿より被　仰傳御用筋等示談す
一朝第十一時民部官へ出仕夕五時退出
一諸府縣知事判事等民部官集會御下問之條々申談候事頗る實論多し
一退出掛岩倉卿へ參殿夜九時歸宅
○四月廿九日　晴
一朝第九時民部官ゟ出仕夕第三時參　朝薄暮退出

一金札最前之通正金銀同様通用に被復候段被　仰出候事
一前件に付夜輔相卿ゟ御直翰を以て東京府打合候儀紛紜被　仰越候事
○五月朔日　晴
一楮幣一件に付東京府彼是掛合置候事
一今日休暇に付晝第十二時より散歩夜第十時歸宅
○五月二日　陰
一朝第七時阿州侯ゟ御用有之參邸拜謁直様同第八時東京府ゟ出勤晝第十二時民部官ゟ出仕夕二時參　朝同九時前退出す
一楮幣復舊に付縣知事判事等民部官ゟ呼出可致盡力段相達候事
一小金開墾一件御決議之事
○五月三日　雨
一朝第十時民部官出仕夕第六時退出
一府縣會議左の件々衆議を盡す

御一新に付民政向手を下す大旨趣書之事
驛遞之事地方官屹度可致盡力段幷永年之良法相立度之事
新縣規則之事
○五月四日　陰
一朝第九時民部官ゟ出勤夕第二時參　朝薄暮退出
○五月五日　晴
一當日爲參賀朝第八時參　朝
天顔拜御祝酒頂戴例之通夕第一字時退出
一夕第四時ゟ御屋敷へ出　君上ゟ拜謁御寛話被爲在御酒頂戴す薄暮歸宅
○五月六日　陰
一休暇に候得共御用有之參　朝候樣御沙汰有之朝第十時參　朝議參及ひ
外國懸一紡と議事數件相濟夕第二時退出
○五月七日　晴

一所勞を以不參御屆例之通
一晝第十一時　若殿樣幷左京亮樣御成御酒其外御紛物差上之杉參政兼重番長其外陪從いつれも　御前ニ被召出夕第六時被遊　御立候事
○五月八日　晴
一早朝輔相卿ニ參　殿拜謁同第十時民部官へ出無間參　朝晝第一時民部官へ歸御用相濟夕第六時退出す
一諸府縣會議脫胎鄉校縣職制
○五月九日　陰
一朝第九時民部官ニ出第五時退出
一京都槇村半九郞御國御堀耕輔より來翰到着す
○五月十日　晴
一朝第九時民部官へ出夕第一時參　朝五時退出
一別帋之通於

御所越前中納言殿被　仰渡之

廣　澤　兵　助

耶蘇宗徒御處置取調掛被　仰付候事

一退出掛岩倉卿參殿拜謁紛紜言上す

○五月十一日　晴

一晝後伊勢同道淺草邊ゟ船行夜五半時歸寓

○五月十二日

一朝第八時參　朝夕第七時退出

一輔相議定參與六官知事副同共更に公選之法を以て御精選人少に被仰付候段御決議之事

○五月十三日　雨

一第九時參　朝夕第三時退出

一於御書院輔相議定參與及ひ二三等官いつれも罷出今般御選任之

詔辨事防《マヽ》城卿　御讀知謹而拜承す畢而輔相卿より順々入札仕畢而
出御
天顔拜輔相入札之箱是迄參與中
御前に持出披之
奏聞
入御被爲在候事
一三條卿改而輔相被任候事
一議參以下輔相御据り後入札箱被爲披御都合に付一統下宿仕候事
○五月十四日　陰
一朝第八時參　朝夕第六時退出
一六官知事入札昨記之通被　仰付候事
一昨今入札相濟精選人少之儀
宸斷を以て御内決之段輔相卿より御内意奉命

○五月十五日　晴
一朝第十時參　朝第一時退き直樣民部官〻出同第六時退出す
一御學問所被召出
御前におゐて輔相三條卿より左之通被　仰出候事
廣澤兵助
參與職被免民部官副知官事更に被　仰付候事
議定
岩倉大納言
德大寺大納言
鍋島中納言
東久世中將
參與
大久保市藏
後藤象次郎
副島次郎

神祇官知事　中山准大臣
副同　福羽五位
民部官知事　松平中納言
會計官副同　大隈四位
刑法官知事　正親町三條大納言
副同　佐々木五位
上局副議長　阿野中納言
右同樣被　仰出候事
一輔相卿ゟ御禮勤
○五月十六日　晴
一休暇なし朝第十字民部官出勤晝第十二時參　朝夕第四時下宿
一世子君今日御參　朝國事爲評議隔日出仕之儀被　仰出候事
但阿州因州備前津和野公等當職被免御同樣被　仰出上局議官に相當

る

○五月十七日　陰

一朝第九時民部官出仕夕第四時退出す

一退出掛越前春嶽公ゟ罷出拜謁御寬話薄暮歸宅

○五月十八日　晴

一朝第九時民部官出仕夕第四時退出

一退出掛津田德次郎尋問寬話す

○五月十九日　晴

一早朝御屋敷杉孫尋問す

一朝第十時民部官參仕夕第四時退出

一退出掛輔相公ゟ參殿今朝御使を以罷出候樣被仰越刑法副知事の佐々木四位外國判事町田五位待詔局知事渡邊昇一同にて拜謁耶蘇所分御會議なり夜九時歸宅

○五月廿日　晴
一朝第八時參　朝輔相卿岩倉卿より還封一件紛紜御用談被爲在相濟同十
　一時民部官出仕第五時退出す
○五月廿一日　雨
一御下問に付朝十時參　朝之儀　御沙汰有之候得共所勞を以て不參御屆
　例之通申出る
一今日御下問左之廉
　　知藩事之事
　　祭敎一途之事
　　蝦夷開拓之事
○五月廿二日　雨
一御用召に付朝第十時參　朝十二時民部官出仕夕第五時退出す
一於御所議定德大寺卿より左之通被　仰付候事

叙従四位　　　　　　　　　　　　　　　　　　　廣澤兵助

右　宣下候事

五月二十一日　　　　　　　　　　　　　　　　行政官

一同蝦夷開拓一件建言有之輔相卿岩卿御授を以て宇和島老公大久保大隈

一同承糺候事

一夕御屋敷へ出　儲君拜謁御酒頂戴御寛話被爲在候事

○五月廿三日　晴

一朝第八時民部官へ參仕夕第四時退出

一朝第七時參　朝民部官職制幷官員精選之議書面を以て輔相卿へ言上検

印を請け候事

○五月廿四日　雨

一朝第八時參　朝第十時民部官へ出夕第四時退出

一民部官員大進退今日相行ひ候事

一退出掛雲州公へ行夜第十時歸宅

○五月廿五日　雨

一朝第九時民部官へ出仕夕第四時退出す

○五月廿六日　雨

一同第十時參　朝夕第二時退出

一朝第八時關八刕諸滯公用人民部官ゟ呼出金札一件知官事公一同及演說候事

○五月廿七日　晴

一朝第八時參　朝御用相濟十二時民部官ゟ出夕第五時退出す

○五月廿八日　晴

一朝第十時民部官へ出夕第四時退出す

一木戸準一郎横濱迄昨日著之由にて右一同東下にて有富源兵衞平原平右衞門今日先着にて今夜尋來寛（話脫カ）す

○五月廿九日
一早朝三條輔相卿へ參殿す
一朝第十時民部官へ出夕第一時退出す
一御屋敷中村𛀁立寄　君上御隱居御家督御願面一件なり
一夕第二時渡邊昇罷越耶蘇御所置一件御用談にゐ佐々木四位同道之處病
氣不參にゐ昇計罷越及寛談
一夕七時玉乃東平來話渡邊一同餘程寛話薄暮孰も分散
一木戸準一郞來着にゐ直樣薄暮尋來久振寛話京攝間近情承知す
一岩代國巡察使四條殿其外今朝發途なり
○六月朔日　陰
一朝第九時參　朝
天顏拜例之通幷金札正金引替方之儀御評議有之候事
○六月二日　晴

一朝第八時民部官ゐ出仕夕第四時退出
一夕御屋敷へ出今日昔年來之御勳功を以　君公從二位大納言　若公從三位宰相幷高拾萬石御加増等被　仰出御悅申上御酒頂戴罷歸候事
一軍功之御賞典御發相成候事
○六月三日　陰
一朝第九時民部官出仕夕第五時退出す
一府縣知事判事等集會之事
○六月四日　陰
一朝第九時民部官出仕夕五時退出
一君公御隱居御家督被　仰出候事
○六月五日　晴
一朝第九時民部官出仕夕第四時退出す
一今朝前原彥太郎來議越後府之事情具に承知す

○六月六日　陰
一晝後玉乃東平共外同道船行夜歸る
○六月七日　晴
一朝第九時民部官ゟ出仕夕第五時退出
○六月八日　晴
一朝第九時民部官ゟ出夕第五時退出す
○六月九日　陰　六月十日　陰
一兩日共朝九時出仕夕第四時退出す
一水戸少將松浦肥前守兩公御屋敷ゟ御出に付木戸同道にて罷出洋行之事
抔段々御寛話相窺候事
○六月十一日　晴
一休暇に付伊勢同道船行深川八幡社後二軒茶屋に行歸り向兩國中村屋前
原氏旅寓を尋ね夜四ッ時歸宅

○六月十二日　晴
一朝第九時出仕夕第四時退出す
○六月十三日　晴
一朝第十時出仕夕第三時退出直樣參　朝同五時歸宅
一早朝輔相公ゟ參殿會計民部隔絶紛紜之情實御相談有之於
朝廷岩倉卿御相談も同斷なり
一夕民部官判事前同事輩待招集會夜五ッ半時分散す
○六月十四日
一朝第十時出仕夕第四時退出す
○六月十五日　雨
一朝第九時出仕夕第一時退出參　朝第五時歸宅
一夕門脇五位松田五位因幡沖探三來話夜四ッ時分散
一今日仕廻次第飛脚出立之由に付るす狀其外御屋敷へ爲持差報す

○六月十六日　雨
一休暇
一夕雲藩小田均一郎其外三人幷渡邊太郎左衞門楫取素彥來話夜四ッ時分散
○六月十七日　晴
一朝第九時民部官出仕夕第三時退出
○六月十八日　雨
一朝第十時民部官出仕夕第三時退出
一夕直樣御屋敷ゟ行中村誠一山田市之允宍道直記同道備前重臣池田隼人其外招會向兩國中村屋ゟ行夜半歸宅
○六月十九日　陰　六月廿日　雨
一右兩日共例刻民部官仕出例刻退出す
○六月廿一日　雨

一休暇夕正木中村杉其外木戸へ參り居呼に來り罷越寛話夜四ッ時歸寓
○六月廿二日　晴
一朝民部官ぃ例刻出夕第四時退出
○六月廿三日　雨
一朝第十時民部官ぃ出夕第四時退出
一今般官制名實相適候樣御改正被遊度旨御下問被　仰出知官事參　朝にゐ奉命す
○六月廿四日　陰
一朝第十時民部官出夕第四時退出
一君上御供にゐ夕越邸ぃ罷出種々御饗應有之夜五ッ半時歸寓
○六月廿五日　雨
一依所勞不　參御屆例之通申來る
○六月廿六日　陰

一朝第十時參　朝御用相濟晝一時退出
○六月廿七日　雨
一朝第九時知官事越公ヽ行判事知司中集會官制御改正一件に付
勅答書相調幷民部官可被廢に付見込申上旁直樣知官事公一同輔相公ヽ
參殿折柄板垣參與も參り合委曲及言上夜四時歸寓
○六月廿八日　雨
一依所勞不　參御屆例之通
一御幸神祇官ヽ被爲入天神地祇御祭り被爲在候事
○六月廿九日　雨
一朝第十時民部官ヽ出仕夕第三時退出
一今日ゟ三日間於九段坂去年來戰死之面々招魂祭被爲在候事
○六月卅日　雨
一朝九時民部官出仕夕第四時退出す

○七月朔日　陰
一朝十字木戸同道御屋敷ゟ行　君上拜謁段々御相談被爲在同十二字退き歸寓
○七月二日　雨
一日蝕に付參賀無之
一所勞に付不　參御届例之通
○七月三日　陰
一朝第十字民部官へ出仕夕第三時退出
一民部官之儀過日職制御改正御下問に付而は可被廢哉之所彌從前之通被差置候段知官事ゟ輔相公より　御沙汰有之候事
一御國へ飛脚出立に付書狀差出候事
○七月四日　陰　七月五日　晴
一兩日共朝第九字民部官出仕夕三時退出之事

○七月六日　陰
一朝第十字民部官出仕夕第四時退出
一君公木戸江御出に付彼方へ罷越夜五ッ半時罷歸候事
○七月七日　陰
一當賀參　朝
天顔拜之
一別御用有之民部官知事一同輔相ゟ今般職制御改正彌御決定明日御發表
之段御內定達奉畏候事
一夕杉孫七郎中村誠一正木市太郎來議御國藩政御改革筋示談仕候事
○七月八日　晴
一朝第九時民部官出仕夕第二字退出
一暑中今日ゟ出勤一字早出之段申談候事
一今日第二字參　朝輔相卿ゟ左之通被　仰出奉畏候事

廣澤從四位

此分御本紙御取替被
任民部大輔
仰付左之通
右宣下候事

一職制御改正名實相適候様被　仰出左右大臣諸官諸省伯卿大副少副大輔
少輔等被　仰出候事

一勅授如左
從四位　藤原朝臣眞臣

御印章
任民部大輔
從一位行右大臣　藤原朝臣實美宣
從三位行大辨　藤原朝臣俊政奉行

御印章
明治二年己巳七月八日

○七月九日　晴
一朝第八時民部省參仕夕第四時退出

○七月十日　晴
一朝第八時同斷晝十二時參　朝第五時退出す
○七月十一日　晴
一休暇朝第十時御屋敷行杉孫七郎今日ゟ歸國に付御國藩政御改正向其外御用にゐ同人中村誠一　知藩事拜謁段々言上す晝第一時ゟ杉氏を鮫州に送る御國鳳翔丸にゐ歸國之積なり正木宍道青木石野浮田其外同道夜第九時歸寓
一朝第十字參　朝候樣右大臣公ゟ申來候處出達不參之事
○七月十二日　陰
一早朝左大臣公ニ參殿御用相濟第八時民部省出仕夕第三時退出す退出掛御屋敷へ行
一津田橘次郎中村幹之助民部大丞林榮次郎渡邊清同權ニ昨日任官之事御前において御酒頂戴木戸大村伊勢其外中村正木宍戸笠原等被召候事
一今朝ゟ三陸磐城巡察使坊城從四位幷渡邊民部權大丞等發途之事
○七月十三日　大風雨

一朝第十時參　朝晝十二時民部省に參仕夕四時退出す晝後頗る暴風雨に而頽家等損し多し

○七月十四日　晴

一朝第八時民部省參仕夕第五時退出尤間に而參　朝之事贋金議事有之

一歸り掛御屋敷へ寄明日ゟ　知藩事公御歸國に付爲御窺罷越候事

○七月十五日　晴

一今明日休暇

一今日拜　賀所勞を以不參仕候事

一知藩事公今朝御發途品川ゟ蒸氣船御乘船に而御歸國に付木戸同道御屋敷迄參り御暇乞申上夜五ッ半時歸寓

○七月十六日　晴

一早朝ゟ門脇津田同道遠乘王子より巣鴨植木屋い行薄暮歸寓

○七月十七日　陰

一早朝左大臣卿御參殿御用相濟民部省出仕夕一字退出直樣參　朝五時退出す

○七月十八日　雨

一朝第八時民部省出仕夕第三時退出す

○七月十九日　陰

一曉天右大臣公參殿參議大輔等御用召議事有之贋金一件相濟民部省出仕夕三字退出

一前條御決定之所を以て今日外國公使へ談判相濟候事

○七月廿日

一朝九時參　朝夕二字民部省へ出仕四時退出

一坊城大辨ゟ左之通被　仰渡候事

御用之節々開拓使局へ出仕被　仰付候事

廣澤民部大輔

七　月　　　　　　　　　　　　太　政　官

右蝦夷開拓御用掛にゐ民部省中局を開き有之總裁肥前從二位なり
一五字より德島知藩事邸ゐ行明日ゟ發途に付寛話饗應有之夜十字歸寓相田宮內大丞土方中辨豐岡從三位一席なり
○七月廿一日　晴
一早朝右大臣卿ゟ召に付參殿國事縷々御相談被爲在御依賴之儀有之候得共右は素願之趣を以て重疊御斷申上置尤格別言上仕置候事
○七月廿二日　晴
一直樣前原彥太郎可相尋之所今朝出足之段坂田潔ゟ承知に付正午歸宅
一朝第九時民部省出仕夕第五時退出又々左大臣卿ゐ參殿昨日之事件に付猶御示談有之候事
○七月廿三日　陰
一朝九時民部省出仕夕二時退出直樣依　御用召參　朝左之通右大臣卿よ

り被　仰渡候事

任參議

右　宣下候事

七　月

廣澤從四位

太　政　官

右假　宣下御渡之事

大久保從四位同樣參議被　仰渡候事

相濟夕五時歸寓

一英王子昨日横濱着之段申來候事

○七月廿四日　晴

一今九時參　朝夕五時退出

○七月廿五日　晴

一同前

一英王子濱　御殿延遼館ニ着横濱より馬車なり
○七月廿六日　陰
一休暇なり朝八時參　朝夕五時退出
一唐太島ゟ岡本健吉歸府同地雜居地へ魯人數人を軍艦を以て移し段々之
　趣告報に付議事有之
○七月廿七日　陰
一朝第十時參　朝夕五時退出
一時候　思召を以爲御尋御酒肴宮内省ゟ御使を以て被下候事
一晒壹疋中元爲
　拜領物
　御祝下賜候復宮内大丞ゟ御達頂戴候事
一夜木戸同道伊勢を尋ね山中靜逸鷲津九藏集會夜半歸宅
○七月廿八日　晴
一朝第九時參　朝夕四時退出

一英王子參　朝於大廣間
御對顏被爲在右大臣大納言參議兵部卿宮外務卿辨官御席ニ伺候す其外
御近習内番華族數拾名いつれも衣冠領客使宇和島從二位大原從四位從
使中島中辨なり彼隨從は公使水師提督及ひ數人なり第一時無御滯相濟
候事
一夜木戸い勢同道船行すい勢明日より倉敷縣ニ歸縣に付送別なり夜半歸
宅
○七月廿九日　陰
一朝第九時參　朝夕五時退出
○八月朔日　晴
一朝九時參　朝例之通拜賀
天顏拜御祝酒頂戴第十一時退出
一御狩衣壹立烏帽子共參議中拜領之

拜領物
　但御指扱可相添之所京都ニ御注文に付追而賜る筈なり
一晝十二時三條右大臣岩倉徳大寺兩納言大久保副島身柄三參議松平民部御一同英王子旅館濱御殿延遼館へ爲尋問罷越應接濟之上段々饗應有之肥前從二位鳥取知藩事ニも格別相尋ね領客使宇和島從二位大原正マヽ四位其外相携り角力等王子一同見物薄暮出夜五ッ時歸寓

○八月二日　夕雨

一朝第十時參　朝夕第五時退出

一今早朝御屋敷へ行中村誠一今日ゟ歸國に付暇乞なり

一過る廿九日御國へ蒸氣船便り有之るす狀其外仕出す

○八月三日　陰

一早朝參議一同右府公ニ參殿御用相濟直樣濱御殿延遼館へ罷越右府公兵部卿宮領客使宇和島從二位大原從四位大久保副島身柄三參議一同な

り英王子今日横濱へ引取候付暇乞なり晝第一時後口波戸場より川蒸氣船にゐ本船軍艦迄相送る祝炮其外禮式有之於艦彼より饗應す六時罷歸る

一夜副島一同大久保へ集會す

○八月四日　晴

一朝第九時參　朝夕第五時退出す

○八月五日　晴

一朝第八時參　朝正午退出大久保副島同道　兵部卿宮參殿御一同馬車にゐ横濱罷越夕五時同所裁判所着車夫ゟ下宿へ折合夜九時より英公使館に宮伊達從二位大原從四位參議三人一同罷越英王子幷各國公使其外集會饗應有之外國婦人多人數おとり等見物す夜二時歸寓奇々妙々難盡筆上

○八月六日　晴

一朝第八時馬車にゐ横濱を出晝第二時御所迄歸り御用相濟第六時歸宅
○八月七日　雨
一朝第九時參　朝夕第六時歸宅
○八月八日　晴
一朝第九時參　朝夕第五時退出之事
○八月九日　晴
一濱殿ゐ
行幸供奉に候得共日々繁勤に付正午に罷出候樣との　御沙汰に付晝二時　濱殿ゐ參仕於　御前御酒饌頂戴右府公兩納言參議三人諸省卿等御召一同なり夕第五時
還幸に付御門迄御送り申上直樣夜八時歸宅
○八月十日　晴

一朝第九時參　朝夕七時歸宅
一太政官御規則御改正御發表に付今日ゟ於御學問所　御前右府公大納言
兩卿參議三人出席議事上萬機
宸斷被　仰出候事
一自分政府御目的其外三職申談書等於　御前御請仕候事
一昨日岩倉閑叟兩公外務卿大久保參議其外英公使に應接唐太其外に魯人
大に渡來切迫之情狀懇談有之候事
一今日唐太及北海道開拓一件議事有之實に不易事件なり
○八月十一日　晴
一休暇無之朝第十時參　朝夕第三時退出す
一大藏外務兵部一同唐太一件議事なり
一民部大藏兩省合局被　仰出卿大輔に兼務　宣下之事
○八月十二日　晴

一朝第九時參　朝夕三時退出す
一薄暮有吉昌平同道東橋邊船行賞月す夜半歸宅
○八月十三日　雨
一朝第九時參　朝夕第五時退出す
一薄暮正木市太郎平岡兵部來訪寛話越國之情實具に承知す夜半歸散す
○八月十四日　雨
一朝第九時參　朝夕第五時退出
○八月十五日　雨
一朝第九時參　朝夕第四時退出
一直様向兩國中村屋前原參議旅寓尋問平賀（岡カ）兵部坂田潔等集會隨分盛宴夜
半歸宅
○八月十六日　陰
一休暇

一夕長松作間同道東橋邊船行初更比歸宅
一鍋島從二位大納言　宣下之事
○八月十七日　雨
一朝第九時參　朝夕第四時退出す
一內匠大夫正木宍道笠原境宇喜多小野爲八南貞助來話夜半分散
○八月十八日　晴
一朝第九時參　朝夕第四時退出
○八月十九日　陰
一朝第八時參　朝夕第三字退出
一直樣大久保副島兩參議同道右府公に參殿岩德兩亞相公御一同寬談夜四ッ時歸宅
○八月廿日　陰
一朝第九字參　朝夕第四時退出

一昨今右府公依所労御不參に付昨記之通一同歸り掛け參殿昨日之御用談續き以て談合夜五半時歸宅

一東久世公一件取調分不都合有之右府公幷亞相公參議共進退奉窺候處伺之通謹愼被　仰付候段御使土方中辨を以て　御沙汰請之

○八月廿一日　晴

一正木昨日之謹愼被免候段作《マヽ》久間權大史代聞を以て被　仰出候事

一夕民部卿を尋問薄暮歸る

○八月廿二日　雨

一朝第九字參　朝夕第四字退出

一直樣納參一同右府公參殿種々御用談薄暮歸宅

○八月廿三日　雨

一朝第九字參　朝夕第二時退出御用有之直樣右府公へ參殿第六時歸宅

一夜武井逸之助丹安左衛門南部彥助有吉昌平來話先達而關東邊巡察一件

寛談夜半分散

○八月廿四日　雨

一朝第九字參　朝夕第二字退出

○八月廿五日　雨

一朝第九時參　朝夕第四時歸寓

一夕伊東従六位來問診察相頼過日眞田虫治療來る廿九日と相約置候事

○八月廿六日　晴

一休暇なり朝第十字參　朝大廣間ニ出　御奏任以上百官列座窮民御救助之

詔被　仰出其外御用相濟夕第三字退出

一早朝藩用有之御屋敷ニ行正木相對候事

一夕下谷肴店富山藩士田口節三方ニ行同藩入江事藤田太郎兵衛林太仲等之招會ニ行薄マヽ五ツ半時歸寓

一御國ゟ壹兩日前稽古人數天野勢輔其外着府にて去月廿二日之留守狀到來す無事なり

○八月廿七日　晴

一朝第九字參　朝夕第四字退出

一夕岩倉亞相公ニ集會右府鍋島亞相及大久保副島身柄三參議寛談夜四ッ時歸宅

○八月廿八日　晴

一早朝御用有之前原參議旅寓深川御下屋敷ニ行相濟正午參　朝薄暮歸宅

一於小御所右府公初三職被　召出於　御前御酒饌頂戴之　御流天盃拜領之且又左之御品々於　御前拜領之右は英王子御引請無御滯相濟　御滿足に　思食との
叡旨御直に被　仰聞候事

一羽二重壹疋

一御印籠壹掛
一判金五拾兩
右御壹包
右は今般英王子御引受無御滞相濟被遊　御滿足候付各遂�心配候段
叡感との
勅語被　仰聞候事
○八月廿九日　雨
一療養に付不參御届
一御國ゟ飛脚相立御用狀并るす狀仕出す
一內匠大夫山根秀輔來る二日出立歸國との事に付段々藩用相托す
一伊東從六位來診虫治療す
○九月朔日　大雨
一休暇月朔參　朝可仕之所療養に付不參御届

一昨夜林半七盛岡ゟ歸府之由來訪奥羽事情具に承知す
○九月二日　晴
一朝第九時參　朝夕第五時歸宅
○九月三日　晴夜雨
一朝第九時參　朝夕第五時歸宅
一岩倉卿前原旅寓に御尋有之同人事病氣得と養生を加へ來る十二日より參仕可致段平岡兵部を以て申越候事
一天野勢輔來話御國之諸生入込一件示談に預候事
一齋藤彌九郎來訪助會慈雲院ゟ之用向を以て示談筋承置候事
一濃州屋方力之進來訪稻田家苦情承知す林輸之丞ゟ添書有之覺に記す土手三番丁南
薫風合宿なりと
○九月四日　雨
一朝第九時參　朝夕三時下宿

一若松縣林轍之丞岡谷鉎吾中村采一ゟ過日來度々來翰返答仕出伍井八九郎ゟ相託候事
○九月五日　晴
一朝第九字參　朝夕第六時歸寓
一桂太郎檜崎賴三洋學爲修業明日出府之段届賴旁來訪林半七九戸縣一件にゐ同斷三人共歸宅を相待居寬話夜五ッ時分散之事
○九月六日　晴
一休暇に付正木宍道同道龜井戸邊遠乘朝第七時御屋敷へ寄一同發騎夕五時歸宅
一御國ゟ飛脚到着にゐ去月十四日之杉孫ゟ之書狀相達候事
○九月七日　雨夕晴
一朝九字參　朝夕第五字歸宅
一外宮遷宮に付申之半刻ゟ東庭に於て　御祭祀被爲在候事

○九月八日　晴
一右府公ゟ御書翰を以て大隈江示談筋御頼に付朝第九字同人宅江行御用談相濟直様第十一字參　朝夕第四時退出
一夕津田中辨を尋訪林少辨同道に而寛話夜四ッ時歸寓
一岩亞相卿ゟ大橋愼三を以て御使の處津田迄尋來相對大村兵部大輔事過る四日薄暮京都木屋町三番旅寓に於て狼籍者拔刀亂入手疵を負ひ並座中居合靜間彥太郎安達何某卽死大村家來兩人深手一人追而絶命之段報知書持參實に驚愕不堪憤懣次第いつれ明日參朝之上猶御示談有之筈也
一家來泰藏事久々病氣之所療養不相叶終に今夜九ッ時死す可憐哀到なり埋葬方手當申附候事
○九月九日　晴
一朝第九字參　朝當賀少々御不例被爲在

天顔拜無御座例之通宮内大丞ニ拜賀申上之御用相濟夕三字歸宅
一大村一件に付爲　御慰尋御使長岡少辨上京被　仰付其他厚き
御沙汰被　仰出候事
一泰藏病氣として下宿今夕身片附埋葬之事
○九月十日　夕雨
一朝第八時集議院ニ出仕岩倉大納言同勤晝第一時參　朝夕第五字歸宅
一刑律新に被爲立寛猛之所如何議按御下渡に付於集議院臨時會有之候事
一長岡少辨今夕發途上京に付大村兵部大輔ニ書狀差越候事
○九月十一日　雨
一休暇終日内居
一槇村半九郎へ京都府之事申越之爲め書狀相認置候事
○九月十二日　晝晴
一朝第九字參　朝夕第四時歸宅

一澳太利亞使節《アトミラール》參　朝
天顏拜和親條約國書持參獻上物數品右大臣大納言參議諸省卿諸長官辨
官彈正尹大忠等例之通着席無御滯相濟
一前原參議今日より初而出仕之事
○九月十三日　晴
一朝第九時參　朝夕第五時歸宅
○九月十四日　晴
一朝第九時參　朝夕第四時退出
一大廣間ニ　出御函館軍功賞典
詔書被　仰出夫々賞秩被下賜候事
一夕副島參議ニ大久保同道罷越寛話夜第九時歸宅之事
○九月十五日　晴
一朝第九時參　朝夕第六時歸宅

一明日より御國へ飛脚出立に付政府ゟ壹封幷るす狀仕出す
一槇村半九郎ゟ本月五日之書狀木戸連名にして到來同氏より添翰にゐ相
達候事大村一件申來る
○九月十六日　晴
一休暇永代下ゟ網漁に罷越夜九ッ時歸宅
一御國飛脚延引に付大津松原寺內ゟ書狀仕出候事
○九月十七日　夕雨
一朝第九字參　朝夕第四時歸宅
○九月十八日　晴
一朝第九字參　朝夕第五時歸宅
○九月十九日　晴
一朝第九字參　朝夕第五字歸宅
一夕林半七來話寛談數刻を移す

○九月廿日　晴
一第九時參　朝夕第五時歸宅
一本月七日比出立御國飛脚來着政府ゟ御用狀幷野村右仲久保松太郎柏村數馬ゟ書狀るす狀共到着すいつれも無事
一同便京都槇村半九郎ゟ本月十四日之書狀參着大村一件狠藉者の巨細申來る
○九月廿一日　晴
一休暇に付晝後芝神明邊散歩す
○九月廿二日　陰
一聖上御誕辰拜賀に付朝第九字參　朝例之通
天顏拜畢ゐ御祝酒頂戴第十二字退出す休暇之事
一下り掛御屋敷正木ゟ行一昨日飛脚之節申來候壹石地返上に付御歎願書幷軍艦獻上之事等申合有之及示談置候事

一昨今招魂祭有之候事
○九月廿三日　晴
一朝第九時參　朝夕第四字退出
○九月廿四日　陰夕雨
一朝第九字參　朝夕第三字歸宅
○九月廿五日　雨
一朝第九字參　朝夕第四字歸宅
○九月廿六日　陰
一依御用召朝第十字參　朝復古御賞典被　仰出左之通
一大廣間ニ　出御德大寺大納言
詔書讀知之三條右大臣岩倉大納言兩卿ニ御賞典
詔書を以て同斷中山神祇伯以下於　御前坊城大輔ゟ
御沙汰書御渡相成り拜戴之

廣澤從四位眞臣

積年心ヲ
皇室ニ盡シ竟ニ太政復古ノ朝ニ預參シ日夜勵精獻替規畫以テ今日ノ
丕績ヲ賛ケ候段
叡感不斜仍賞其勳勞祿千八百石下賜候事

己巳九月　　太政官

從四位藤原朝臣眞臣

高千八百石
依勳勞永世下賜候事

明治二年己巳九月

右畢而晝第一字退出掛右大臣公江御禮廻勤候事

一木戸準一郎箱根湯治より歸府

一明日御國飛脚出立に付政府幷るす狀差出候事

○九月廿七日　晴
一朝八字參　内今日集議院ニ
　行幸供奉同九字　入御夕第四字相濟
　還幸退出掛昨日賞典御禮として岩倉徳大寺鍋島三納言ニ廻勤夜八時歸
宅
一集議院海陸二軍御興張之議御下問謹答被　聞食候初而
　行幸に付院中ニ御酒肴下賜候事
○九月廿八日　晴
一朝第九字參　朝夕第八時歸宅
一徳川慶喜松平容保以下御宥典被　仰出候事
○九月廿九日　夕雨
一朝第九字參　内夕第五字退出候事
一夕納言參議一同右府公邸ニ集會夜第九時分散歸宅

一謙藏ゟ探索方御内命申含今朝出立就ては京師槇村ゟ書狀差越候事
○九月三十日　雨
一朝第九字參　内夕第三字退出歸宅
一昨日檜妻神戸ゟ着府罷越候事
○十月朔日　雨
一拜賀參　朝可仕之所々勞を以て御屆申上候事
一夕木戸家内中笠原隼之助小野石齋檜家内中林半七其外招待夜四ッ時分散之事
○十月二日　晴
一朝第九字參　内夕第五字歸宅
一今般御賞典辭表差出候事
○十月三日　陰
一朝第九字參　内夕第五字歸宅

○十月四日　雨
一朝第九字參　內夕第五時歸宅
○十月五日　雨
一朝第九字參　內夕第四字退出之事
○十月六日　夕晴
一休暇終日內居來客多々
○十月七日　晴
一朝木戶に尋問第九字參　朝夕第五時歸宅
一夕木戶に重而行正木宍道境幷御堀耕助井上彌吉檜了介同席寬話深更歸宅御堀同道罷歸當屋へ泊す
但御堀去月廿七日長崎發船井上は同月中旬御國出神戶ゟ相艦にて一昨日着京之事
○十月八日　晴

一朝第九字參　内夕第三字歸宅
一亞墨利加公使交替に付國書持參參　朝例之通大廣間に於て御對顏被爲在右府公納言參議其外例之通列席す
一夕四字より上野淺草邊散步有明樓船にて牛込迄夜半歸宅
○十月九日　晴
一朝第九字參　内夕第四字退出歸り懸通ら筋違ひ聖堂前より牛込御門通乘廻にて罷歸候事
一夕井上彌吉永安和惣來話夜四ッ時引取候事
○十月十日　晴
一早朝島大參事來訪今日仕廻次第若松歸縣之由に付彼是及示談置候事
一同齋藤彌九郎罷越助會一條及示談置候事
一朝第九字參　朝夕第四字歸宅
○十月十一日　陰

一晝後向島邊遠歩行
○十月十二日　晴
一朝第九字參　朝夕第五字退出
○十月十三日　晴
一朝第九字參　內夕第四字歸宅
一御賞典辭表再願差出候事
一夕正木御堀伊藤民部少輔來話之事
○十月十四日　雨
一朝第九字參　朝夕第五字退出之事
一倉敷知縣事い勢着縣縣去月十七日之書狀到着之事
○十月十五日　晴
一朝第九字參　內夕第四字歸宅
一退出掛津田橋二ゟ尋問之事候

一御國より飛脚來着去月廿六日杉中村國貞ゟ來翰幷山田市之丞《マヽ》ゟ同斷御靜謐之事
○十月十六日　晴
一休暇目黒邊ゟ鮫洲海晏寺ゐ遠乗す
○十月十七日　晴
一朝第九字參　内夕第四字退出
一夕御屋敷正木へ尋問前原林境相席寛話御國ゟ申來候件々評議等夜九字歸宅
一京都急使有之槇村權大參事ゐ書狀差出彼府御救恤方巨細申越候事
一過日差出置候御賞秩返上願御附紙を以て半方當年限被聞食候段坊城辨官より御下渡候事
○十月十八日　晴　十月十九日　晴
一兩日共朝九字參　内夕四字退出之事

○十月廿日　陰
一朝九字參　内夕四字退出之事
一津田橋二近々下坂に付爲暇乞芝紀州邸へ待招林少辨中村幹之助同道罷越及寛話候事
○十月廿一日　陰
一朝御用有之右府公ニ罷越夕二字歸寓
○十月廿二日　晴
一朝七字參　内今日薩長徵兵
天覽本丸ニ　行幸供奉其外御用向等相濟夕六字歸宅
一夜山田市之允去月廿二日御國出立京攝より一昨日着府にゐ尋來寛話之事
○十月廿三日　晴　十月廿四日　陰　十月廿五日　晴
一右三日共朝第九時參　朝夕第四字退出之事

○十月廿六日　夕雨

一極早朝前原御堀正木宍戸境林半七同道若林御下屋敷ニ遠乗明廿七日吉田松陰先生正忌に付招魂參拜小野爲八寫眞相催其外山田市之允野村靖之助三好軍太郎等參集歸り掛一同有明樓へ大會酒談數刻を移し夜半過き歸宅

○十月廿七日　晴

一朝第九時參　内夕第五時歸宅

一夕正木御堀來話之事

○十月廿八日　晴

一朝第九時參　朝夕第四時退出

一夕鍋島大納言ニ集會罷歸三條右府公岩倉德大寺兩亞相公副島參議等參集夜九字歸宅

○十月廿七日　晴

一朝第九時參　內夕第五時歸宅
一夕正木御堀來話之事
○十月廿八日　晴
一朝第九時參　朝夕第四時退出
一夕鍋島大納言ゟ集會罷歸三條右府公岩倉德大寺兩亞相公副島參議等參集夜九字歸宅
○十月廿九日　晴
一朝第九時參　內夕第四時退出
一夕前原同道退出掛深川御中屋敷同人寓居へ尋問木戶御堀正木宍道境野村三好其外大集會酒談數刻を移し夜一字過き歸宅
○十一月朔日　晴
一朝十字參賀　例之通
天顏拜有之候事

一爾後吹上ヶ御園生拜見被　仰付三職及ひ卿大少輔長官次官別當大少監
等一同罷出今般
中宮御東着に付御酒饌拜領被　仰付相濟薄暮罷歸候事
一三職中ゟ催合にして
后宮江御肴壹組獻上仕候事
○十一月二日　晴
一曉六字築地運上所江行岩倉亞相公澤外務卿寺島同大輔吉井彈正少弼同
道横須賀製鐵所爲見分蒸氣船にゐ罷越相濟夜六字岩倉一同横濱迄罷歸
於同所一泊之事
一外務卿其他は直樣東京罷歸候事
○十一月三日　晴
一岩倉同道微行にゐ横濱巡見夕一字彼地馬車にゐ發し夕三字歸寓す
○十一月四日　晴

一朝第九字參　内夕第四字歸宅
一夜御堀野村南來話第十字分散
○十一月五日　晴
一朝第九字參　内夕第四字退出前原同道平岡兵部を訪ふ外出中故第六時歸宅
一岡山藩士倉一享より來翰に付返翰相調置候事
○十一月六日　晴
一休暇
一正午ゟ大久保副島前原集會に付例之通饗應夕第六字分散
一夜御堀耕助招會にて深川平淸江行木戸前原杉徳正木宍道野村三好厚東其外拾數名集會頗る盛宴深更分散なり
○十一月七日　晴
一所勞にて不參御屆例之通辨官江申出る

○十一月八日　晴

一朝第九時參　内夕第五時歸寓

○十一月九日　晴

一朝第九時參　内夕第五時退出

一高杉小忠太品川彌二郎過る三日山口發途に而今夕着府御屋敷ヘ行杉孫所にて相對　老公過る二日御發途にて御出府之所俄に御延引御斷御届振幷野村右仲品川彌次郎薩州ヘ御使者にして被差越候御都合振等承知す

一御堀耕助洋行に付明日より横濱へ出浮候付爲暇乞野村靖之助所にて集會彼是相濟夜第九字歸寓す

○十一月十日　晴

一朝第九字參　内夕第五時歸寓

一早朝品川彌次郎平岡兵部來議彼是示談之事

一大村兵部大輔事先達ゟ變傷治療中終に養生不相叶過る五日於浪花死去
之段報知有之殘懷之至なり

○十一月十一日　晴

一休暇

一夕平岡江行前原正木杉境等招集夜九字歸宅

○十一月十二日　陰

一朝第九字參　内夕第七字歸宅

○十一月十三日　晴　十一月十四日　晴

一兩日共朝九字參　内夕六字歸宅

○十一月十五日　夕雨

一朝第九字參　内薄暮退出

一夕二字乘馬
天覽畢ゟ山里御茶屋江被召出　御前に於て御酒饌頂戴之　御流天盃燒物

菊御紋御手自御酌被遊難有奉恐懼岩倉徳大寺兩亞相大久保副島身柄三參議鹿兒島知藩事福羽神祇少副等被　召出候事
一夜平岡招會にゐ大木大參事同道木挽町櫻屋ゟ集會之事
○十一月十六日　晴
一休暇
一因藩沖探三山田宗兵衞招會にゐ深川平清へ行夜半歸宅
一御國ゟ飛脚出立に付留守狀差出候事
○十一月十七日　晴
一朝第九時參　内夕第六時歸宅
一昨夜半近傍堀田屋敷燒失之事
○十一月十八日　晴　十一月十九日　晴　十一月二十日　晴
一右いつれも朝九字參　朝夕五字歸宅

○十一月廿一日　晴
一休暇
一井上聞多浪花より出府府政其他京攝間事情具に承知す同便村田吉太郎
京都より出府
○十一月廿二日　晴
一夕井上聞多竹内正藏同道有明樓へ行夜半歸宅
一朝第九字參　内夕第五字退出
一夕木戸に行今夜小忠太杉孫七郎山田市之允正木市太郎佐々木男也宍戸
直記等集會夜十字歸宅
○十一月廿三日　晴
一朝第九字參　内夕第五字退出
一夕前原參議に尋問山田品川森佐々木集會夜十一字歸宅
○十一月廿四日　晴

一晝二時參　朝夜第九時歸宅
一新嘗會に付吹上に於て御祭事無御滯相濟候事
○十一月廿五日　晴
一朝第九字參　內夕第五字退出
一夕大木大參事を訪ふ平岡兵部一同寛話夜十字歸宅
○十一月廿六日　陰
一晝第一字ゟ福山藩中邸赤坂ゟ行同藩吉田主馬田山平一郎丹桂其外招會右府公壬生知府事等御出夜九字歸宅
○十一月廿七日　陰
一朝第九時參　內夕第五時歸宅
一夜野村靖之助三好軍太郎尋來寛話同人明朝出足歸國に付紛紜示談夜半分散
一同便ゟ留守狀柏村北堂君等へ呈書幷送物相賴候事

○十一月廿八日　晴
一朝第九時參　内夕第四時歸宅
○十一月廿九日　晴
一朝第九時參　内夕第四時退出
一夕木戸へ行寛話
○十一月三十日　晴
一所勞を以て不參御屆例之通
一昨廿九日正午兵部省失火第二字鎭火一圓燒出之事
一朝本阿彌平十郎來る所持之刀鑑定相賴候事
一正木山田品川列席之事
一夕高橋《杉カ》忠太杉孫七郎正木市太郎宍道直記木戸家內平岡兵部名和緩等來
會頗る盛宴夜第十一字比分散す
○十二月朔日　晴

一依所勞不參御屆例之通
一朝小野爲八來る寫眞相催候事
一夕同人幷毛利左門中山住に同道三屋邊散歩夜半歸宅す
○十二月二日　晴
一朝第九時參　內夕第五字歸寓
○十二月三日晴
一朝第九字參　內夕第一字退出
一右府公不參に付御用有之罷越吳候樣との事にゐ夕第二字參上段々御寬談有之同第四字歸宅す
一前原參議事兵部大輔に轉任之事
一木戸從三位事御用有之山口藩へ差越幷來春支那朝鮮使節御內命有之候事
○十二月四日　晴

一朝第九字參　內夕第五字歸寓
○十二月五日　晴
一朝第九字參　內夕第四字歸寓
一夕長松家內林少辨同斷作間權大史其外來客夜半分散
○十二月六日　晴
一休暇
一正木宍道杉品川平岡作間其外來客頻々終日寛話
○十二月七日　晴
一朝第九字參　內夕第四字歸寓
一山田京都府少參事今日より歸京に付槇村松田兩參事及ひ大津邸鑑之書狀相賴越候事
但山田御用は大村江狼藉之者御仕置一件なり
一夕散步神田明神境內に於て南貞助に相對敝寓へ罷越積の由同人近日歸

國に付同所茶亭暫時休息寛話夜五ッ時歸る
○十二月八日　晴
一朝第九字參　內夕第五字退出
一夕御屋鋪へ行杉品川ゟ相對品川彈臺御登庸是非共奉命歸國可致旨岩卿幷大久保之心事相通し勸置事
一夜林中辨ゟ尋問土方中島兩中辨多久少辨阿州大參事井上等集會寛話夜半歸宅
一長崎縣大屬尾上與一郎帶屋種二郎過る三日彼地出帆今夜出府に付林方迄尋來御用筋は邪徒御所置一件にゐい曲承取書類請取置候事
○十二月九日　晴
一朝第九時參　內夕第四時退出
一夕多久少辨ゟ尋問土方林等集會寛話夜半歸宅
○十二月十日　晴

一朝第九時參　內夕第四時歸宅
一品川彌二郎昨日彈正少忠奉命之事
一夜三字新材木町出火無間鎮火
一去月廿九日夜伊勢　外宮別殿遙拜所失火依延燒難計奉動　御體鎭火之
上
還幸幷同斷之節觸穢之事有之段言上依之昨九日ゟ二夜三日
御神事來る十一日於庭上
御拜被遊同日一日廢朝之段被　仰出候事
○十二月十一日　陰夜雨
一夕五時參　朝酉之刻於庭上　神宮御拜政府及諸省其他卿輩以上罷出相
濟夜九時歸宅
○十二月十二日　晴
一九字參　內夕四字退出

一夕木戸ニ集會相客多々夜半歸宅
一同時和泉橋脇出火
○十二月十三日　晴
一朝九字參　内夕第二字退出
一早朝木戸ニ立寄夕大手外御屋敷正木を尋問薄暮歸宅
○十二月十四日　晴
一朝九字參　内夕四字歸宅
一近々木戸杉歸國に付るす狀幷品々差送候事
一夕山市森清來話
○十二月十五日　晴
一朝九字參　内夕三字退出
一長崎縣浦上村邪宗徒今般移住御所置之一件にゐ英公使より來翰に付議事
有之候事

一夕三條右府公岩倉德大寺兩亞相辨官中を芝紀州邸に於て大久保副島身柄參議待招集會夜十字分散歸宅
一柏村庸之丞横濱學校明暮休暇に付歸府
○十二月十六日　晴
一休暇
一晝後木戸同道散歩折柄有明樓へ參り候處辨官小集に付落合大盛宴夜半歸宅
○十二月十七日　晴
一早朝木戸へ行同人幷杉孫七郎品川彌二郎共今日より歸國に付見送候事
一朝十一字參　内夕一字退出す
一昨十六日英公使と外務卿大輔應接濟幷明十八日各國公使我政府と應接仕度掛合に付議事有之候事邪宗徒一件なり
一夕神祇官ゟ出勤今般　八神殿御鎭座に付御祭事右府公亞相公參議其外

卿大輔等參拜相濟六字歸寓
一夜鎭魂祭出勤可致之所別御用を以て不果す
○十二月十八日　晴
一朝九字參　内夕二字退出
一高輪於應接所英佛獨米公使ゟ右府公岩亞相公副島參議吉井少弼土方江藤雨辨官外務大輔等出勤應接有之候事
一大久保參議今朝より歸國に付爲暇乞尋問相對之事
○十二月十九日　晴
一朝第九時參　内夕第四時歸宅
一今般非常凶荒に付參議中官祿仝石之半數返納之議願出候所被聞食届候事
一同斷に付御賞典御秩祿先達ゐ半方獻納殘り更に仝石返納之議大久保一同々樣願出候所不及

御沙汰候右兩通共願文ハ御附帋相成別に委し
○十二月廿日　晴
一朝第九時參　內夕第四時退出
一江藤中辨昨日鍋島亞相へ御用にて罷越夜に入歸路狼籍もの四五人輿中ニ切入肩先手疵を負ひ右は元肥前之足輕之者にて國許改革之私怨より附狙ひ當地ニ罷登候事
一夕方中辨ニ罷越林多久長岡長松諸辨官其外集會なり
一長崎邪宗徒所置濟にて渡邊彈正大弼松方知縣事等昨日出府今日い由言上之事
○十二月廿一日　晴
一休暇
一夕長松ニ行夜長岡少辨ニ行兩所共土方林多久三少辨渡邊大忠等集會盛宴夜半歸宅

○十二月廿二日　晴
一朝第八字參　內夕第四時歸宅
一浦上村邪徒一件議事之事
○十二月廿三日　陰
一朝第九字參　內夕第五時歸宅
一東京府士族一件議事之事
一早朝柏村寬藏正木市太郎御國御內用役人罷越柏村は過る十九日出府當時京都府權大屬にゐ彼地地子免除一件其外願立三條に付正木弁御內用役人は御國諸隊精選沸騰一件なり彼是示談之事
一夜四字過き三丁目谷出火無間鎭火候事
○十二月廿四日　晴
一朝第九字參　內夕第五時歸宅
一京都より急報大村一件罪人過る廿日刑場引出之後霜臺議論差起る延引

歸獄との事
朝權不相立次第驚愕恐懼之至就而は其段糺彈之儀并罪人速可致所分御
達相成候事
一柏村寛藏明朝より歸京に付槇村ゟ書翰差送候事
○十二月廿五日　晴
一孝明天皇御正忌に付廢　朝
一朝九字參　內前件　御祭事に付於御庭上
御遙拜被爲在被相濟十一字退出神祇官ゟ　參拜夕二字歸宅
一夜林少辨多久少辨來話之事
○十二月廿六日　晴
一節季に付休暇に無之朝九字參　內夕五字歸宅
一御堀耕助より本月二日香港仕出之書翰相達
○十二月廿七日　晴

一朝第九字參　內夕第四字退出今日御用仕廻無御滯相濟候事
一夕土方多久林西本長岡長松田中等來話頗る盛宴夜十一時後分散
一夜第一字尾張町失火烈風燒失多々翌朝八字鎭火
○十二月廿八日　晴
一今日後休暇
一晝筑前福岡藩八代眞證丹嘉津良藝船越洋之助林少辨等來客多々夜八字分散
一早朝御國靜浦速水八谷護杉杜駿河高田健之助來話之事
○十二月廿九日　晴
一終日內居
一晝田中從五位來話其他來客多々
○十二月大晦日　晴
一盛岡藩東大參事福山藩木森同斷來話

一晝後外出市中微行廻見薄暮歸る
一終日夜來客多々

明治三庚午
○正月元旦　晴
一曉丑ノ刻參　朝　四方御拜　朝拜等御式如御舊禮相濟御祝酒頂戴朝第
十字歸宅
一右大臣公其外ゝ廻禮
一年始賀客頻々來る
○正月二日　晴
一休暇
一夕田中從五位方ゝ行士方林長松長岡西本等集會夜半歸る
○正月三日　晴

一今日神祇官
　御幸之所御延引被　仰出候事
一同官　八神殿御神事并宣敎御表喪に付第九字出勤政府及ひ諸省等奏任
以上非役花族等出勤一件相濟夕五時歸宅
○正月四日　晴
一曉六字參　朝夕二字歸宅
一神事奏狀政始に付御上段ニ
出御例之通無御滯相濟御祝酒頂戴之事
一卿長官等ニ廻禮
一御末廣壹本拜領す年始御常例なり
一菱之御祝頂戴なり
一夜平岡ニ行夜半歸る
○正月五日　晝雨

一曉六字參　朝夕四字歸宅
一加茂氷川　神事奏狀始に付小御所ニ
出御例之通相濟御祝酒頂戴之事
○正月六日　雨
一休暇
一夕林木戸等へ行夜九時歸宅
○正月七日　雪
一朝第九字參　內當賀　朝拜相濟御祝酒頂戴夕二字歸宅
一坊城大辨より左之通傳達御掛緖拜領仕候事

廣澤參議

紫組掛緖下賜候事

正月

太政官

一夕船越ニ行辨官中集會此宴西本少辨之待招なり

○正月八日　晴

一朝第九時參　內夕第四時退出

一夕土方中辨ゟ行容堂公秋月公及ひ佐々木齋藤田中等集會夜九字歸寓

○正月九日　晴

一朝第九時參　內夕第三字歸寓

○正月十日　晴

一參　朝退出如前

一夜筑前藩團林三阪三氏來話十字分散

○正月十一日　晴

一休暇

一夕容堂春嶽兩公及佐々木土方齋藤田中長松等待招夜十字分散

○正月十二日　晴

一朝九字參　內夕四字退出

一御國ゟ林萬樹多吉田半輔昨夜着京にᥐ今早朝罷越　知藩事公御直翰持參去冬諸隊沸騰一件に付ᥐ之事件なり同人等去臘廿六日山口發足之由なり

一夕前件に付御屋敷へ正木山田前原其外談合す

一夜松田京都大參事尋來舊臘止刑一件及密話候事

○正月十三日　陰

一早朝藩邸へ行前原正木山田佐々木木島境及昨記林吉田等と御使一件及評議候事

一晝第二字參　朝夕第四字退出

一夕右大臣公宅に於て亞相參議中集會に付出席夜七字歸宅

○正月十四日　晴

一神祇官行幸供奉之事

一朝第九時參　朝夕第四時退出

一夕長松中辨江行薄《マヽ》歸宅

○正月十五日　陰

一朝八字參　朝拜賀御祝酒頂戴之晝歸宅

一夕四時岩亞相公へ行右大臣德亞相兩公及佐々木刑部大輔土方齋藤兩中辨等參集夜九字歸宅

○正月十六日　陰

一休暇

一夕四字箱崎容堂公江參邸佐々木土方齋藤等罷越盛宴夜十字歸宅

○正月十七日　晴

一於本丸兵隊調練

天覽供奉昨日ゟ　御神事之事

一朝九字參　内夕四字退出

一夕平岡へ行夜十字歸宅
○正月十八日　夜雪
一朝九字參　內夕四字退出
一夕木戶へ寄薄暮歸宅
一東久世開拓長官昨日出府にゐ參　朝之事
一近日前原兵部大輔御用を以て歸國に付るす狀幷柏村眞鍋石川三浦等へ
書狀相認置候事
○正月十九日　晴
一朝九字參　內夕四字退出
一御屋敷正木ゐ行夜八字歸宅
○正月廿日　晴
一朝九字參　內夕五字歸宅
一夕林萬樹多吉田半輔宇多朔太郎勝間田百太郎及木戶召呼內集宴夜十二

字退散

○正月廿一日　晴

一休暇

一三條公待招にゐ濱殿〳〵行西三條壬生東久世三卿及福羽少副長松少辨小野神祇權大丞中村寬之助宇多朔太郞其外罷越御懇會盛宴にゐ夜十二字歸宅

○正月廿二日　晴

一朝第九時參　內夕第三時歸宅

一海軍調練始にゐ　御代覽として右大臣德亞相兩公副島參議品川沖軍艦へ出勤なり

○正月廿三日　陰　正月廿四日　晴

一右兩日風氣に付不　參御屆例之通申上候事

一今日　御會始被爲在候事

○正月廿五日　晴
一朝第九時參　内夕第五時歸之事
○正月廿六日　晴
一休暇
一甲鐵艦見分として朝八字出品川船宿より川蒸氣船にゐ本艦へ乘組調練相濟夜十字歸宅正木境林同道なり
○正月廿七日　陰夜雨
一朝第九時參　内夕第五時歸宅
一薄暮辰ノ口元傳奏屋鋪出火出勤山口藩邸近火に付立寄鎮火之上夜十字歸宅
○正月廿八日　晴
一朝第九字參　内夕第四字退出
一夕淺草邊散歩夜深更歸宅

○正月廿九日　晴

一朝九字參　內夕五字歸宅

一於本丸諸藩兵隊調練

天覽供奉仕候事

畢

（表紙）

「廣澤眞臣

備忘録」

庚午〇明治三年在東京

〇二月朔日　晴

一朝八字參　内例之通於　小御所勅任官以上

天顔拜賀十字退出

一夕前原兵部大輔尋問兼而約あり深川より川蒸氣船にて墨水上流に遊ひ

甲鐵艦々長中島四郎正木市太郎林萬樹多和智虎太郎境榮藏宇多朔太郎

等同行佳興々々夜半歸宅

〇二月二日　晴

一仁峯殿正忌に付不　參御届如例辨官江相達

一夕召にㇷ三條右府公ㇸ參殿御寛話多件第一要旨は去職長藩諸隊兵卒沸騰處分振なり相濟夜十字歸宅

○二月三日　晴

一朝第九字參仕夕第四字歸宅

○二月四日　陰

一今日於神祇官祈年祭參仕可致之處風氣を以て不參御屆如例

一井上聞多其外去月廿一日防州發船にㇷ今朝着府兵卒沸騰一條報知幷示談有之段申越候事

○二月五日　晴

一井上聞多着府にㇷ早朝前原兵部大輔宇多朔太郎來談折角今朝神田邸に於て會議之約有之兩人同道第十字彼邸ㇸ御物見に於て集會聞多幷同行正木退三三浦五郎等ゟ事情細詳承知於御國決議之所尙衆評相決し既御屆幷當地徵兵大隊暫時御暇願等至急差出筈邸內居內にㇷは正木山田境

宍道其外林半七參集畢ゆ第三字參　朝條岩兩公ゐ前件形行得と言上幷
朝廷御都合振御示談仕置五字歸宅す
一前條に付前原歸國之所於
朝廷御差湊之趣有之被差留之段御内決相成候事
○二月六日　晴
一休暇
一風氣璇に無之引籠候事
○二月七日　晴
一同前に付不參御屆如例
一今日西班牙使節參　朝例之通
御對顏被爲在明年中假條約御取結ひ之所今般本條約爲取替に就てなり
○二月八日　晴　二月九日　晴
一所勞同前

一當地ヽ罷出居候山口藩徵兵大隊幷井上聞多宇多朔太郎林萬樹多等今日
乘艦歸國
○二月十日　晴夜風
一快起朝神田邸ヽ行正木山田等に相對御國沸騰一件尙及示談置候事
一晝十二字參　朝夕四字歸宅
○二月十一日　晴風
一休暇夕林少辨を尋ね夜十字歸宅
○二月十二日　晴
一朝九字參　內夕五字歸宅
一德大寺亞相公山口藩宣布使吉井少弼同に付出張巖谷大史附屬としゐ被
差越候段孰も被　仰出候事
○二月十三日　雨
一朝九字參　內夕五字歸宅

一土方中辨儀徳大寺亞相山口藩と（脱アルカ）しゐ下向に付附添林少辨御用有之至急
上京被　仰付候段被　仰出候事
一長州諸隊兵卒沸騰一件に付去月廿九日迄新聞薩州書生山口に參り居候
者より野村長崎知縣事より委敷報告有之不穩趣申越候事
一宇田判官京都ゟ急御用にゐ昨夕着府今日參　朝之上御用筋言上致候事
一今村京都府大屬前文一同出府今朝尋來くわしくは情實承及候事
○二月十四日　晴
一朝九字參　內夕四字退出
一夕土方ヘ行中島林西本長岡諸辨集會夜十一字歸宅
○二月十五日　晴
一朝九字參　朝夕三字退出
一林少辨今朝より上京之事
一夕箱崎土州邸ヘ行容堂公同船にゐ墨水舟行梅屋敷ゟ三谷別莊ヘ行夜十

二字歸宅
○二月十六日　晴
一休暇
一終日來客尤筑藩團丹三坂其外來話夜十一字分散
○二月十七日　陰
一朝九字參　內夕二字退出
一夕前原大輔を尋正木山田境等集會夜十二字歸宅
○二月十八日　晴
一朝九字參　內夕四字退出
一夕福岡藩中邸に行長松少辨舟越兵部大丞同道郡大參事其外待招にて夜
十二字歸宅
○二月十九日　晴
一朝九字參　內夕四字退出

一今朝徳大寺亞相公幷土方中辨吉井少弼其外山口藩ニ宣布使一達乘艦之事
一前件に付林半七境榮藏御隨從歸國之事
一過る十日十一日於御國諸隊兵卒征討趣は舊臘常備兵精選ゟ沸騰及鎭定候後驕傲暴漫亂妨相募り不得止防長二州之義兵を以て追討捷報丁卯丸兵庫入港にて內海某ニ具に相咄候趣同人より伊藤少輔ニ報知卽刻爲知越候付夜半條岩兩卿へ及內聞置可賀之至なり
○二月廿日　晴
一朝九字參　內夕五字歸宅す
一長松少辨木戸等へ行夜十字歸宅す
○二月廿一日　晴
一休暇
一河瀨知縣事待招にて木戸家內同道木根《ママ》川棋荘に行伊藤家內檜井上其外

相客多々正午ゟ出夜十二字歸宅す

○二月廿二日　晴

一依所勞不　參御屆例之通

一昨廿日豐浦藩井上屯其外着府前件諸隊追討決策前御屆御宗末之分一同持參に付今朝正木罷越示談之上今日辨官へ爲差出候事

一正木檜中島其外來客多々

一前件便に木戸ゟ過る三日仕出之書狀相達候事

○二月廿三日　晴

一朝九字參　內夕五字歸宅

一水原縣名和大參事ニ書狀差出候事

○二月廿四日　雨

一朝九字參　內夕五時歸宅

一法貴京都府大屬出京罷越槇村權大參事より來翰

一明日ゟ豊浦藩井上屯歸國に付木戸へ返翰仕出す
○二月廿五日　晴
一朝九字參　內夕四字歸宅
一夕井上彌吉正木市太郎來話夜十字分散
○二月廿六日　晴
一休暇
一晝後神田邸ゟ行正木山田宍道井上彌吉中島四郎同騎墨水花屋敷ゟ見楳に行夫ゟ有明樓にゐ一酌夜半歸宅
○二月廿七日　小雨
一朝九字參　內夕四字歸宅
○二月廿八日　小雨
一同前
一過る廿二日發神戸港ゟ德亞相公ゟ三職ゟ來翰山口藩情實申越候事

○二月廿九日　晴
一朝九字參　内夕四字退出
一夕木戸江參り居候處作間權大史佐々木源藏只今着府にゆ尋來相對過る十七日山口發途にゆ知事公より御直翰持參幷諸隊兵卒追討一件都合能相調略平定御届としゆ出京情實い曲承知爲國家大賀欣躍之至正木も折柄居合夜十二字歸宅なり
○二月三十日　陰
一朝九字參　内夕五字歸宅
一作間權大史參　朝にゆ政府江直に山口藩之事情言上す
○三月朔日　難
一當賀朝八字參　朝例之通
天顏拜相濟晝十字歸宅
一夕河瀨知縣事家内木戸家内其外來客夜十字分散

○三月二日　晴
一朝九字參　內夕四字歸宅
一夕內輪限り墨水花見船行なり夜十一字歸宅す
○三月三日　晴
一節賀に付朝八字參　朝
天顏拜賀相濟同十字歸宅
一晝後前原山田正木佐々木檜越ノ遠藤等同道舟行花見遠藤へ立寄夜十二字歸宅
○三月四日　晴
一朝八字參　內夕四字歸宅
一夕正木前原山田作間來話御國之事情懇談す夜十一字分散
○三月五日　晴
一朝八字參　內夕五字歸宅

一夜筑藩林其外來話十二字分散
○三月六日　晴
一休暇
一夕秋月公ゟ行容堂公幷佐々木參議其外集會夜十字歸宅
○三月七日　陰
一朝八字參　朝夕五字歸宅
○三月八日　晴
一同前
○三月九日　雨
一朝八字參　內夕四字退出直樣三條公一同巖倉公ゟ出德島藩稻田家一件
に付小室林兩知縣事被召出御內沙汰說諭す
一夕德大寺亞相公過日山口藩ゟ爲宣布使被差向候處歸京にて隨從林半七
直樣巖倉公ゟ罷出右府公一同委曲事情承知す山口　知藩事公ゟ身柄暫

時歸國之儀宣布使ゟ御願相成候段をも承知す前條共相濟夜十字分散
一歸路神田邸ゟ立寄正木所へ一泊す
○三月十日　晴
一朝神田邸より正木林半七一同前原を問昨日宣布使歸京に付御國之事情
幷身柄暫時歸國御願一件等寛話す相濟候上盛宴終る夜十二字歸宅佐々
木源藏其他陪席なり
一右一件に付
御所ゟ不　參御屆例之通
一宣布使復命之事
○三月十一日　晴
一神武天皇御正忌御神祭に付神祇官
行幸供奉朝九字參　朝御供無御滯相濟夕二字歸宅
一夕佐々木參議待招に付行容堂秋月兩公及土方等集會し夜十字歸宅

○三月十二日　晴
一朝八字參　朝夕四字退出
一夕長松待招に付行土方林西本田中幷大史連集會夜十二字歸宅
○三月十三日　晴
一朝八字參　朝夕四字退出
一夕田中待招に付行昨記之連中集會夜十二字歸宅
○三月十四日　晴
一朝八字參　朝夕五字歸宅
一夕長松家內多久家內田中家內林土方幷大史連來訪宴會夜十二字分散
一昨夕謙藏歸京家內連歸る槇村より書翰到來す
一同斷大久保參議去職歸國之所歸京之事
○三月十五日　晴
一朝九字參　內夕四時歸宅

一伊太利公使歸國に付參　朝幷英軍艦世界周覽之爲め來港水師提督ニ右御序を以て
御對顏に付英公使一同參　朝例之通出伺無御滯相濟候事
○三月十六日　小雨
一朝十一字延遼館ニ罷越此度着港英軍艦見物案内に付德大寺亞相公一同幷諸省卿輔其外罷越し軍艦調練等見物に掛け幷會釋有之相濟夜九字歸宅す
但世界周覽之爲め軍艦六艘一組大砲等新發明之器械多々調練之熟達する奇々妙々
○三月十七日　晴
一朝第九字參　内夕四字退出す
一佐々木源藏今日歸國に付身柄追而歸國之段報知す
○三月十八日　陰夜雨

一朝九字參　朝夕二字退出
一夕巖德亞相并大久保副島佐々木參議一同右府宅ニ集會彼是御用談相濟
第七字歸宅之事
一昨十七日柏村庸之允横濱より罷越春分學校休暇に付歸京なり
○三月十九日　雨
一朝九字參　內夕五字歸宅
一蘭公使參　朝例之通列席之事
○三月廿日　晴
一朝九字參　內夕四字歸宿
一夕正木同道前原尋問寛話夜十二字歸宅
○三月廿一日　晴
一休暇
一夕多久少辨ニ行辨官中史官中及齋藤刑部大輔田中從五位等集會夜十字

帰宅
○三月廿二日　晴
一朝九字參　内夕四字退出
一土方中辨ゟ左之通御沙汰書請之
廣澤參議
御用有之山口藩へ被差向候事
一夕右府公亞相公參議中巖公へ集會夜十字帰宅
○三月廿三日　晴
一晝十二字參　内明日ゟ發途に付御暇
天顏拜右府公御取合を以て左之通御沙汰奉す
一山口藩隊卒沸騰鎭定之趣宣布使より言上御安堵被　思食候得共尚知
藩事を輔翼し藩政改革向等一層盡力候樣との事
一兼而

御沙汰之通藩政改革向都合收拾相着候上は從二位上京候樣との事
一當今御用多之折柄不得止爲致歸藩候得共來月中必す歸京候樣との御事
一坊城大辨より左之通宣下請之

從四位　藤原朝臣眞臣

正四位
宣下候事
年號月日　從一位右大臣藤原朝臣實美　宣
從三位大辨藤原朝臣俊政奉行
右相濟夕三字歸宅
一明日ゟ發途に付來客多々
○三月廿四日　晴
一朝八字東京番丁私邸馬車にて發途鮫洲川崎屋に立寄夕三字橫濱入舟町

高島屋嘉右衛門方止宿
一今朝宅ゟ送別來客多々川崎屋迄送來候事
一小野宣教權判官潮見淸鞆同道一應歸國にゟ長崎縣へ出役なり
一夜遠藤謹助竹田庸次郎檜了介其外同道含春亭へ行寛話之事
一三條公內森寺邦之助過日山口藩へ行歸路京師ゟ立寄昨日歸府之由にゟ今朝番丁宅相尋越候處發途後にゟ當横濱に尋來る相對幷槇村權大參事書翰落手す
○三月廿五日　夜雨
一横濱遊覽す
一夕多久少辨日下部權大史兩人共此度歸省に付神戶港迄同船之筈旅寓ゟ尋來り幷遠藤其外集會寛話す
一東京伊藤大藏少輔ゟ來翰木戶ゟ之書翰賴越候事
○三月廿六日　陰

一滯濱多久日下部其外同道野毛山ニ遊歩す
○三月廿七日　雨
一滯濱多久幷竹田旅寓等に行寛話
一邪徒御國ゟ御預中先年元助甚兵衛と申者脫走當時當濱天主堂に潜伏之段相知れ小野より非闕知縣事ゟ爲及示談候事
一夜山城屋和助方ゟ行寛話す
○三月廿八日　夕晴
一飛脚船過る廿五日出港之段報知有之俄急出濱候所一日々々延引終に今日乘船之事
一同船コーテンアイタ四字乘組夜十二字揚碇出發
一遠藤謹助竹田庸次郎檜了介海岸迄送參候事
○三月廿九日　晴北風
一航海無滯

○三月三十日　晴
一夕二字三十分神戸港着船長門屋彌兵衛方申遣し通船其外用達即刻上陸鐵屋彌五郎方止宿す
一過る二十五日之大坂小川彥右衛門より之書翰當港差起置有之落手當節輿丸様爲御療養御登坂ホートエンは診察被成御賴との事國貞廉平御同様登坂幷第二丁卯丸右御供にて當港碇泊都合次第乘歸可然哉之段旁申來候事
一即刻右返翰第二丁卯丸拜借罷歸度段彌乞合之爲め飛檄仕出候事
一伊勢知縣事今般御國御借金一件にて登坂用向相濟倉敷へ歸縣掛今朝當鐵屋出立之由にて書翰認置有之落手す
一越前方信吉大岡幾助大和屋政助岡本五兵衛等來話之事
一船改宮城來三郎尋來之事
○四月朔日　晴

一神戸滯在
一朝九字外出布引瀑布より外國人居留地等遊覽夕七時歸宿
一內海大參事尋來
一今十二字仕出大坂小川彥右衛門ゟ來翰第二丁卯丸乘歸可然段返答有之
○四月二日　夕雨
一神戸滯在と聞附浪華ゟ和智精一郎佐藤某朝七字尋來兩人兵部省出張所へ兵政爲取調被差登幷干城隊佛式爲修業東京ゟ被差登候付頃日御地發途之所彼此情實示談に預候ゟ卽刻兩人共蒸氣にゟ歸藩之事
一朝第二丁卯丸艦長山縣久太郎大坂ゟ昨夜罷歸候段申來り乘組一件及相談置候事
一飛脚船沖藏船より所持之長持水揚之儀昨日ソンタフにゟ不相運折角今日と申所故障有之終に夕刻に至り不相調段決答有之家來兼次郞殘置跡より飛船にゟ取歸候樣致置候事

一天氣相に付乘船見合夕船長山縣幷士官馬來榮藏内海大參事大賀幾助岡本五兵衞大和屋政介同道湊川常盤亭に行寛話す
○四月三日　晴夜雨
一朝八字三十分乘船卽刻揚碇出發
○四月四日　晝晴
一晝十時上ノ關着鳥渡彼地ゟ潮見淸輌室津人なる故なり上陸直樣出發夕三時十分三田尻龍ケ口着碇直樣上陸同町荒瀨喜六方止宿す
一政事堂大參事中に御用狀幷るすへ着吹聽申遣候事
一小野石齋夕四時ゟ直樣山口越歸萩に付分別す
一小田村素太郞當部署管事也其外尋問來候事
○四月五日　晴
一朝七字三タ尻出立十二字御屋形に出　兩公臺に拜謁東京に於て　御内命之趣傳達申上幷大參事監察列座中東京之情實等演說相濟夕六時障子

嶽下家宅へ歸着す擧家幷柏村家内其外安全大賀々々來客多々

一脫退之者一昨三日夜ゟ上ノ關邊にゐ少々暴動之報告有之

○四月六日　夕雨

一藩廳休暇に付終日内居來客多々

一上ノ關邊脫隊之者暴動に付過る四日大野阿川兩家兵隊幷楊井農兵等速に出張にゐ追討大勝利及掃攘終に貳拾人許乘船にゐ遁去候段報告有之候事

一過る三日夜ゟ來る八日迄之間脫隊之者所々相應し再擧暴動之段及漏聞小郡三夕尻其他に於て右黨類被召捕終に夫々爲鎭定兵隊被差出候事

一政太郎儀先第四大隊許今夜より德地ゐ出張す

○四月七日　朝晴

一朝第九字藩廳ゐ出勤夕三字退出

一夕柏村ゐ大參事中集會御用談相濟夜十二時歸宅

一昨日來脫隊之者德地口にて暴動折柄今十二字第四大隊着陣にて直樣追討及第一大隊駈附同斷にて大勝利尤夜に入候故先地方ニ占め明朝大掃攘之覺悟之段夜十二字報告有之

○四月八日　晴

一朝第九字藩廳出勤夕第四字歸寓

一今朝來於德地口脫隊之者掃攘終る山代口へ僅遁去候段報告有之

一仲取方役人其外明朝出足東京罷登り幸便に付前件脫退之者所置等大略右大臣亞相公方ニ報知幷長松少辨へ壹封前原兵部大輔山田同大丞正木市太郎ニ連名壹封京都槇村權大參事へ壹封神戸內海大參事へ壹封等仕出候事

一夕大參事中其外來話夜十一字分散

一大津四郎右衞門病中湯治旁當節鄕里ニ罷歸居來翰之事

一脫隊之者爲追討丁卯丸丙寅丸上ノ關邊航海旣に及平定候得共其形行爲

報知山田鐵二郎夜十字來話之事
○四月九日　晴
一昨夕木戸準一郎萩より歸山に付直樣來話
一今朝八字木戸ゟ行内外御用寛談夕二字同道にゐ藩廳ゟ出六字退出
一夕大參事中木戸一同片山亭にゐ集會御用相談相濟夜十二字歸宅之事
○四月十日　晴
一朝十字藩廳へ出勤夕四字退出
一夕大參事一同木戸ゟ行寛話夜十字歸宅
一脫退之者德地口より山代ゟ遁去第一第四大隊之内ゟ出張追討終に二十人許石州口へ脫走平定相成候段報告有之
○四月十一日　晴
一藩廳休暇に付終日内居
一夕宍戸杉野村大參事木戸等來話夜十一時分散之事

○四月十二日　晴
一朝十字藩廳出勤夕四字退出
一夕五十鈴御殿へ木戸一同被召出　殿樣御夫婦樣御前にて御酒頂戴夜十
一字歸宅
○四月十三日　晴
一朝十字藩廳ゟ出勤十二字退出
一晝大津寺內等へ行夕二字歸宅
一夕高杉松原兼重大監察幷林良輔來話夜十字分散
○四月十四日　晴
一朝九字藩廳へ出勤十二字退出
一興國寺ゟ參詣幷藤田小幡等へ行薄暮歸宅
○四月十五日　夕風雨
一朝九字木戸同道小郡ゟ行東津秋本にて小休息夫ゟ今宿大村故兵部大輔

宅ニ行神拜墓所ニ同斷夫ゟ夕四字秋穗有富源兵衞方止宿す
一今日夕三字より　知藩公御遠乘小郡臺道ニ御泊り明日三田尻御廻り御歸殿之段於秋穗承知す
〇四月十六日　朝晴
一秋穗滯在平原平右衞門方止宿小川淸助重見次郞兵衞尋來り寛話之事
〇四月十七日　晴
一朝八字秋穗出發夕一字歸宅す
〇四月十八日　晴
一朝十一字藩廳出勤夕三字退出
一御父子樣御前に於て今般歸國懸苦勞候に付左之通拜領之
御紋附御緣頭　壹
同黑羽二重御綿入　壹
一夕木戸一同五十鈴御殿罷出　殿樣御殿に於て御茶菓頂戴御寛話被爲在

夕六字退出歸宅之事
一昨十六日此度　殿樣鹿兒島御越に付來る廿一日御發途御歸國之上　大
殿樣御上京被遊候段御發表相成候事
一御前樣今朝ゟ長府へ御越三田尻より蒸氣船なり
○四月十九日　晴
一夕四字　知事公御成木戸兼重淳と內鴨御取持として罷越御寛話御酒饌
差上夜九字御歸殿相成候事
一右卽刻爲御禮參　殿仕候事
一御前樣興丸樣今朝より豐浦に御越被遊候事
○四月廿日　晴
一早朝親類知因先回勤九字藩廳へ出勤夕六字退出
一知事公御父子樣へ拜謁御暇乞申上
朝廷に之御用被　仰聞候事

一大御前樣ゟ爲御伺罷出拜謁之事
一夕五字枕流亭に於て大參事其外待招木戸野村等東行之面々暇乞振舞之事夜十一字歸宅
○四月廿一日　晴
一早朝ゟ所々回勤之事
一朝十一字天花焔硝藏上より失火山火事烈風にて　御屋形近火に付爲御窺罷出鎭火に付夕三字歸寓
一暇乞來客多々
○四月廿二日　晴
一朝九字山口發途夕二字三田尻町五十君眞四郎方着す
一東京ゟ野村權大參事落合百合吉等同道なり
一早朝より暇乞來客多々大津四郎右衛門國重德次郎江木清次郎佐々木男也三好軍太郎杉山松介品川彌次郎等三田尻迄送來る藤松太郎助方にて

別杯楫取素彦岡義右衛門平原平右衛門等集會尤多々盛宴夜二字送別直
様龍ケ口第二丁卯丸ニ乗組三字揚碇
○四月廿三日　陰
一航海笠戸沖にゐ暁天備後鞆沖にゐ日暮
○四月廿四日　陰
一順能航海小豆島沖にゐ暁天朝第九字兵庫着港神戸町鐵屋彌五郎方揚陸
一夕野村同道常盤亭にゐ小酌
○四月廿五日　陰夕晴
一暁四字第二丁卯丸乗組直様揚碇六字大坂川口着八字常安橋御屋敷ニ行
小川彦右衛門原田豊國司千吉ニ相對彼地近情承知す
一干城隊世話役内匠大夫中谷茂拾郎佐世谷□郎秋村十藏井上吉右衛門等
尋來佛式傳習一件及ホ談尚於御國談置候通夫々相運候事
一夕小川原田同道心齋橋通り遊歩堺辰にゐ盛宴夜十二字旅寓阿滿屋に歸

宿す野村落合同行なり
一大黒屋又三郎當地より近々歸國に付るす狀壹封仕出候事
○四月二十六日　晴
一朝八字浪華發上荷に乘組九字五十分川口第二丁卯丸乘艦十一字揚碇夕
一字兵庫着港二字鐵屋に歸る
一鐵屋にて井上聞太國貞直人面會す兩人共此度之飛脚船にて東行なり
一夕四字米國飛脚船コスタリカに乘組五字揚碇す多久少辨も同船なり
○四月廿七日　陰夜風雨
一無滯航海尤大風雨にて四時間進退不得自由依て航海時刻相延候事
○四月廿八日　晴
一夕四字横濱着港海岸通鈴木屋に止宿夜井上聞太國貞直人宿佐野茂に行
寛話山田市之丞《マヽ》竹田庸次郎等も集會十二字歸寓
○四月廿九日　晴

一滯濱野村同道遊歩
一家來幷荷物等今日ゟ先着差歸候事
一鈴木方內輪故障有之晝太田町伊勢傳ニ轉寓す
一夕山尾庸三竹田庸次郎來話す
○五月朔日　晴
一朝八字馬車にゐ横濱出發十一時鮫洲川崎屋ニ着柏村庸之允正木市太郎宍道直記內藤次郎左衛門多田辰三郎井上新次郎檜了介其外出迎晝飯酒相認め夕一字發し二字五十分番丁邸宅ニ歸着す野村落合其外正木等一同罷歸る宅ニ長松少辨平岡少參事作間權大史其外歡として來る盛宴笑談不盡
○五月二日　陰
一自修軒殿正忌に付參　朝不仕に付昨日歸府幷今日不參之段例之通辨官ニ御屆仕候事

一來客多々內海兵庫縣大參事尋來候事
○五月三日　晴
一朝八字參　內夕二字退出
一知事公ゟ之御書翰右大臣亞相公ゟ差上け幷御國之情實巨細及言上置候事
一夕神田邸ゟ行正木所にゐ寬話七字歸宅
一山田兵部大丞事明日發途浪華ゟ罷越候事
一宍道直記同斷歸國之事
○五月四日　晴
一朝八字參　內夕二字退出
一夕佐々木參議宅にゐ集會右府亞相各公及參議一同罷越七字分散歸宅す
○五月五日　晴
一朝八字參　內當賀

天顔拜如例相濟十字歸宅
一十一字ゟ大學別當公待招にᄑ福井藩邸ヽ行角力見物右府公德亞相公兵部卿其他諸官員多く集會相濟七字歸宅す
○五月六日　晴夜雨
一休暇
一夕野村正木同道舟行夜十一字歸宅
○五月七日　晴
一朝八字參　內夕三字歸宅
一庸之丞横濱へ出足大坂行
○五月八日　陰
一同斷
一夕因藩沖探三招立にᄑ小梅小倉庵ヽ行夜十二字歸宅す
○五月九日　晴

一參　朝退出如例
一夕平岡少參事方尋問夕八字歸宅
○五月十日　朝雨夕晴
一朝八字參　内夕二字退出
一夕熊本知藩事招會にゐ濱浦邸ヘ大久保副島佐々木一同行同藩米田大參事安場速平大田黑亥和太永田内藏次等取持に出夕八字歸宅
○五月十一日晴夜風雨
一休暇終日内居
○五月十二日　晴
一朝八字參　内夕三字歸宅
一夕三字五十分林少辨從
朝廷爲御使罷越左之通被　仰下謹ゐ御請仕候事
廣　澤　參　議

彈例取停手落に及ひ不束之次第に付謹愼被　仰付候事
庚午五月十二日　太政官
一夕前原兵部大輔櫻井愼平來話薄暮分散之事
○五月十三日　晴
一謹愼引籠
一夕野村正木佐世翁等來話
一長松少辨爲見廻來る
○五月十四日　夕雨
一謹愼引籠
○五月十五日　晴
一同前
一竹中新一郎明日ゟ歸國に付藩廳江一封乃至柏村兄るす狀等仕出す
一昨日ゟ來る十八日迄招魂社祭禮十六日なり晝ゟ夜十一字迄田安門内に

於て花火
十六日なり
一夕平岡家内尋問之事
○五月十六日　晴
一謹愼中引籠
一昨十五日齋藤刑部大輔參議に轉任にて
御輔導引除所勤
○五月十七日　晴
一早朝長松少辨爲　御使罷越左之通謹て御請仕候事
廣澤參議
謹愼被免候事
庚午五月十七日
太政官
一朝九字參　内夕三字退出歸宅

一謹愼被免之御禮宮内省に申上候事
一午時より夜十二字迄田安御門内に於て花火昨日之如し
○五月十八日　夕雨
一朝八字參　内夕三字退出
○五月十九日　晴
一夕大久保副島佐々木同道島少監方ニ行大隈福羽等招會薄暮歸宅
一朝八字參　内夕三字歸宅
○五月二十日　晴
一朝八字參　内夕三字退出
一夕土方中辨方に行辨官一行及大史連集會夜九字歸宅す
○五月二十一日　晴
一休暇之所朝七字右府公御使罷越至急御用有之岩倉公方ニ罷出候樣との事早速支度走騎にて彼卿罷越之所

御所へ參仕之樣との事にて直に出伺三職及旬番辨官其外孰も出仕趣は去十三日淡州須本に於て德島藩兵隊之者稻田九郎兵衞舊家來に暴動砲擊又は放火等いたし死傷も多人數有之不容易次第之段追々彼藩知事當時東京滯府中にて報知之趣屆出彼藩稻田家に對し紛紜之事情有之先達て以來於
朝廷も　御內沙汰有之候末終に亂妨に及ひ不相濟次第御評議相成り尤
一先藩廳ゟ段々盡力を以及鎭定之段相聞へ知藩事依願速歸藩及彈臺官員出張被　仰付候迄に御內決夕三字孰も退出歸宅
一夕沖探三宮庄太郎右衞門野村素介幷大史連中來話夜九字分散之事
○五月廿二日　陰
一朝八字參　內夕三字歸宅
○五月廿三日　雨
一朝第八字參　內夕第三字歸宅

○五月廿四日　陰
一出退同前
一夕三職集會引受右府公岩德亞相公大久保副島佐々木齋藤諸參議來會鍋島亞相公所勞斷夕八字分散之事
○五月廿五日　晴
一朝八字參　內夕一字退出
一夕右府公初三職一同兵部省出勤夫より濱殿此度海軍所に與隨申出有之一同廻覽相濟夕八字歸宅
一近々京都ゟ御便有之松田槇村ゟ書翰認置候事
○五月廿六日　陰
一休暇之事
一夕三條右府公はしめ三條西東久世澤壬生諸卿先年御國御滯在中之御因を以御招待仕長松士方御取持としゐ招寄外烏丸宮內大輔豐岡少監秋月

大監等推來り頗る盛宴晴湖青浦兩畫工申招夕に豐岡同道にᅟᅥ寛一玉雪
蓬窓三畫工とも來る夜十一字過分散なり
○五月廿七日　晴
一朝第八字參　內夕第二字歸宅
一夕神田邸へ行薄暮歸る
一集議院開院に付諸藩大參事於大廣間
龍顏拜之事
○五月廿八日　晴
一集議院開院に付朝九字出勤政府一統及諸省卿同斷相濟晝一字歸宅
一夕五字　有栖川宮へ出於御奥御寛話仕御饗應被爲在櫻井愼平大橋愼三
とも罷出薄暮　宮御供仕濱町戸田宮內大丞秋月大監等宅へ罷越今日川
開にᅟᅥ當邸邊頗る賑合土州容堂宇和島民部卿萬里小路宮內卿烏丸宮內
大輔坊城大辨土方中辨長松少辨平松宮內權大丞豐岡少監其外集會夜一

字歸宅
○五月廿九日　晴
一朝第八字參　內夕三字歸宅
○五月三十日　陰
一朝八字參　內夕三字歸宅
一夕兵部卿宮烏丸宮內大輔坊城大辨五辻少辨平松宮內權大丞幷に櫻井愼平等御招待畫工晴湖青浦等をも爲御取持招盛宴夜十字御分散
○六月朔日　晴
一朝八字參　內於小御所
天顏拜賀例之通相濟九字退出掛神祇官參仕八神殿參拜相濟十一字歸寓
一英國に於て借金れい不都合之次第有之破約跡始末一件大藏外務卿大輔罷出會議有之候事
一吾品川甲鐵艦宿ニ行中島四郎同道同艦幷肥後ゟ今般獻上軍艦爲見分罷

越吉川長吉樣幷野村右中正木市太郎長新兵衞天野勢輔等兼而相約置跡ゟ罷越夕八字甲鐵艦蒸氣ハッテーラを以永代迄送來り夫より屋根船に乘替夜十二字歸宅

○六月二日　晴

一朝八字參　內夕三字退出

一今日御國　老公御着府昨日橫濱御着なりに付退出掛神田邸へ罷出夕五字　御機嫌好御着邸被遊候木戶準一郎も御供にて歸着す夫ゟ同人一同御屋敷を出彼方に行寬話薄暮歸る

一夕二字過き深川仲丁失火五丁程燒失六字比鎭火す

○六月三日　陰

一朝八字參　內夕六字退出

一夕平岡兵部方行寬話正木をも待招九字歸宅

一老公御着便るす狀幷柏村兄樣ゟ來翰無事なり

一山縣彌八吉田右一郎高杉小忠太國重德次郎江木清次郎笠原判九郎奥平謙輔佐々木男也上山縫殿淺野往來大庭此面竹田祐伯等　老公御供にゐ着府す兼ゐ知己故記之其他不記載

○六月四日　陰

一朝八字參　內夕二字五十分退出

一夕長松少辨い尋行作間權大史とも折柄一席寛話七字歸宅す

一名和新潟大參事ゟ來翰之事

○六月五日　雨

一朝八字參　內夕三字退出

一夕林少辨方招會い行辨官中及大史中集酌夜十字歸宅

○六月六日　晴

一休暇

一夕木戸い行山縣彌正木市集會折柄秋月大監來話夜九字歸寓

○六月七日　夕雨
一朝八字參　內夕三字退出
一夕多久少辨ゝ集會辨官中及大史中集酌夜九字歸宅
○六月八日　晴　○六月九日　陰
一九日夕神田邸ゝ行正木山縣野村前原同道船行す寬話有明樓にて一酌夜
十二字歸宅
○六月十日　晴
一右三日共朝八字參　內夕三字歸宅
一夕林少辨伊藤友四郎來話す
十日
一木戸從三位參議拜任す
○六月十一日　晴
一休暇
一夕木戸高杉山縣野村正木木梨天野及本阿彌平拾郎來話夜九時分散

○六月十二日　晴
一朝八字參　內夕三字歸宅
一昨十一日横濱新聞支那天津に於て宗旨の事より佛魯公使及岡士等を暴に殺害すの報告あり滯濱の佛は軍艦を差向け英は陸軍を操出す支那より不條理の暴動にて各國え敵對する勢なれは北京迄も攻入悉く燒拂ひ償金位にては容易承引せさるとの各國廟議なりとそ
○六月十三日　晴
一朝八字參　內夕二字退出
一夕御用有之巖亞右公ゟ行六字出東久世公近々函館出張に付別杯待招築地ホテルゟ行夜十一時歸宅す
一一昨十一日松方知縣事出府九州邊贋楮幣之事言上に付昨夕岩倉公ゟ右府公初三職及大藏大輔少輔彈正權大忠等集會御評議之事
○六月十四日　晴

一朝八字參　內夕二字退出
一右府公不參に付退出掛德大寺亞相佐々木參議一同罷越御用談薄暮歸宅す
一早朝宮庄大參事來る知藩事東下修業之存意示談伊藤友四郎同斷大學別當心事同斷林少參事來福岡藩政一件同斷なり
○六月十五日　陰小雨
一朝八字參　內夕八字歸宅　吹上瀧見御茶屋に被爲　召　山階華頂兩宮毛利從二位公間近出府に付　御召に就て右府公德大寺亞相公木戶參議土方中辨西本長松兩少辨身柄共罷出於
御前御酒饌及
御流天盃等頂戴殊更
御手自御酌被爲在難有奉拜戴候事
天盃陶錦手花鳥之繪

一按察府渡邊菱田兩判官名和越後大參事へ來翰仕出す贋楮幣探索一件也

一松方知藩事及渡邊彈正少忠岸良大巡察等大坂丸にゐ今夕より揚碇日田縣ニ隱密行なり

○六月十六日　雨

一休暇

一三坂少參事藩政紛紜示談に來る

一夜半田安邸燒失に（付脫カ）參　朝第三字歸宅

○六月十七日　雨

一朝八字參　內夕三字退出

一夕木戶同道神田邸ニ行山縣尋問夕八字歸宅

○六月十八日　雨

一朝八字參　內

一夕木戶へ行容堂東久世公秋月公豐岡公及後藤大隈藤等集會夜十字歸宅

一近々御國便有之柏村杉孫眞形へ大津松原寺内等ゟ書狀認置候事
○六月十九日　晴
一朝第八字參　內夕第三字退出
一夕御屋敷へ寄十一字歸寓夫ゟ岩國待招にゅ三谷行
○六月二十日
一朝八字參　内夕三字歸宅
一夕岩國長吉㨾并隨從兩人船越大丞三宮少丞松岡等來話十一字分散す
○六月廿一日　晴
一休暇
一朝大久保來話一昨日氣附筋佐々木參議ゟ示談之末決答相談に來る
一晝前ゟ船行夜九字歸宅
○六月廿二日　晴
一朝八字參　内夕二字退出

一夕巖公ゟ出右府公亞相公方ゟ參議中前途見込筋を以歎願言上す五字歸宅
一御國老公今夕木戸ゟ御出に付爲御取持罷越す三條公正親町三條公ゟも御出夜九字歸宅
○六月廿三日　晴
一朝八字參　内夕四字歸宅
○六月廿四日　晴　○六月廿五日　晴
一兩日同前
一夕八字三條公出過日來之一件に而彼此御相談十一字歸宅
○六月廿六日　晴
一朝齋藤參議來話是又過日來之件相談なり
一朝十字高輪泉閣寺ゟ行今般義士之木像手入幷堂宇建立に付諸官寄附を以て成就此世話廣島藩任之右に付爲見分德亞相公一同及中島中辨罷越

相濟正午退出
一前顯直樣鮫洲河崎樓ニ行中島四郎高橋熊太郎一同寛話納涼夕九字歸宅
一夜宇多朔太郎笠原半九郎來話
一今日休暇
○六月廿七日　晴
一朝八字參　內夕三字退出
一夕大久保へ集會
○六月廿八日　夜雨
一朝八字參　內夕三字退出
一夕神田邸ニ立寄薄暮歸宅
○六月廿九日　夜雨
一朝八字參　內夕二字退出
一今朝岩倉公へ出右府公參議一同過日來之件御評議之事

一夕渡邊按察判官島大學少監來話
○七月朔日　夜雨
一休暇
一朝七字參　朝例之通　拜賀直樣神祇官參拜相濟九字歸宅
一夕福原大輔平原其外同道舟行夜十字歸宅
○七月二日　終日小雨
一朝八字參　內夕二字退出
一夕神田邸ニ行　老公御前に於て參事其外一同御酒頂戴御寛話仕薄暮歸宅
○七月三日　陰
一朝八字參　內夕二字退出
一夕大久保ニ行御用談相濟七字歸宅
○七月四日　陰時々雨

一朝八字參　内夕二字退出
一津藩知事招待にゐ向兩國同邸ゟ行寛話大參事其外とも罷出馳走有之薄暮歸る
○七月五日　陰時々小雨
一朝八字參　内夕第二字退出
一夕鳥取藩沖其外より待招にゐ大七樓ゟ行高知藩林大參事幷木戸野村等集會夜十二歸宅
○七月六日　陰時々雨
一休暇終日内居
○七月七日　雨
一當賀朝七字參　朝例之通天顔拜賀相濟十字歸宅
一休暇

○七月八日　時々雨
一朝條公ゟ昨夜御掛合之趣を以朝七字參　朝夕二字退出
一夕神田邸ニ寄　老公より段々御相談相承り相濟薄暮歸る
○七月九日　陰
一朝八字參　內夕三字歸る
一夕槇村同道舟行寬話夜十二字歸る
○七月十日　陰
一朝八字參　內三字歸宅
一右府公より左之通被　仰渡拜命

廣澤參議

民部省御用掛被　仰付候事

庚午七月十日

太政官

一民部大藏分割被　仰出岩倉大納言大久保參議一同御用掛拜命す其他卿

輔丞迄御引分被　仰出候事

○七月十一日晴

一休暇

一朝八字岩亞相公に御用談罷出右府公及大久保參議一同相濟十二字出る

一午後前原兵部大輔尋夫より同八一同平岡邸へ行山縣正木奥平等集會寛話夜八字歸宅

○七月十二日　晴

一朝八字參　内夕二字退出

一後藤從四位上待（マヽ）招被　仰付候事

一大學本校當分被止別當以下免職被　仰出候事

○七月十三日　夜雨

一朝八字參　内夕三字退出

○七月十四日　晴雨未定

一休暇に候得共御用有之朝七時參　內十二字歸宅
○七月十五日　陰雨未定
一休暇當賀朝八字參　內例之通
天顏拜相濟十字歸宅
一夕遊步十二字歸宅
○七月十六日　天氣同前
一休暇
一近日飛脚出立に付るす狀幷柏村母公ニ書狀及品々送物仕出置候事
一來客多々終日無止
○七月十七日　天氣同斷
一朝七字參　內夕二字退出
一盆前東京府より救育所幷授產所等に於て生產品物獻上之分三職中ニ配分被下候旨を以て御召縮緬壹反宮內省より頂戴之

一夕木戸同道津藩藤堂淇《マヽ》雲其外招會にて平清に行折柄大隈其外元民藏合併中大少丞連に合併相對頗盛宴夜十二字歸宅

○七月十八日　天氣同前

一依所勞不參御屆如例申出候事

一夕安井金澤藩大參事沖鳥取藩權大參事土倉岡山藩大參事等來話

○七月十九日　雨

一依所勞不參御屆例之通

○七月廿日　雨

一快起朝八字參　朝夕三字歸宅

一於橫濱昨十九日午後飛脚船便を以て西洋七月中旬佛蘭西と孛漏生と交戰之事差起り墺多利亞は佛を扶け魯西亞は孛を助る之新聞ある旨孛公便報告する段傳信機を以て報知ある旨外務より屆出る

○七月廿一日　雨

一休暇朝八字神田邸へ行　老公ニ御寛話申上午時歸宅
○七月廿二日　陰夜大雨
一朝八字參　朝夕二字退出
一佛孛交戰之儀に付於御國は局外中立之段議事決定す
一大村松次郎其外今日ゟ英國遊學發途す
○七月廿三日　夕晴
一朝九字參　内夕一字退出
一民部省引移相濟候付岩倉亞相大久保參議一同夕一字出仕二字退出
○七月廿四日　晴
一朝八字參　内夕二字退出
○七月廿五日　晴
一朝八字參　内夕二字退出歸宅
○七月廿六日　晴

一休暇
一巖亞相公ゐ朝八字行大久保大木吉井等集會御用相濟正午退出歸宅
一夕大庭此面同道舟行夜十一字歸宅
○七月廿七日　晴
一朝八字參　內夕二字退出
一夕神祇官ゐ出三職辨官一同宣敎講義聽聞相濟夕五字歸宅す
一小野宣敎判官一昨廿五日長崎より歸府に付今朝來話す
○七月廿八日　晴
○七月廿九日　晴
一兩日依所勞不參御屆例之通
一夕山縣野村正木來話
○七月三十日　晴
一朝八字參　內夕三字歸宅

一夜山尾民部權大丞來話
○八月朔日　晴
一休暇尤拜賀之所依所勞不參御屆例之通
一夕井上鑛山正來話
○八月二日　晴
一朝八字參　內夕二字退出歸宅
○八月三日　晴夜雨
一朝八字民部省に出勤夕二字退出巖倉亞相大久保參議一同出仕す
一昨夕杉民治御國より着府にて今朝來議るす狀幷柏村實兄杉大參事久保大參事寺內暢三等より之書狀落手無事なり
一御堀耕助山縣狂介幷薩藩西鄕信吾中村壯(宗見)謙等昨夏より歐洲時情爲探索差越れ候處昨夜歸朝なり
一夕神田邸に行山縣大參事所にて御堀に相對洋行近情寛話夜八字歸宅

一夜木戸來話なり
○八月四日　晴雨未定
一朝八字參　朝夕三字歸宅
一夕門脇大佑山口大主奠來話
○八月五日　同前
一朝八字參　内夕三字歸宅
一夕御堀耕助來話夜泊す西洋近情寛話
○八月六日　晴雨未定
一休暇
一朝山縣狂介來話其他來客多々夕五字分散す夜木戸來話
○八月七日　同前
一朝八字參　内夕三字退出歸宅
○八月八日　晴雨未定　○八月九日　晴

一兩日共朝八字參　朝夕二字退出
一昨八日夕二字ホテル館に於て米利堅岡士セハルト面會此度健三同人ゟ隨學相賴み候付而なり白縮緬壹疋遣之及馳走す相濟八字歸宅健三事今日ホテル館ゟ入込之事
○八月十日　晴
一朝八字參　內夕二字退出
一夕神田邸ゟ行明日御案內申上幷正木にて寬話薄暮歸宅
○八月十一日　晴
一休暇
一英公使より乞合有之大久保參議同道ひしり坂旅館ゟ行なり十二字寺島外務大輔平松新潟知縣事同席寬話彼夫婦幷書記官アタムス通辯何某鐵道雇人モレロ外英人壹人一同馳走差出す相濟夜四字五十分歸宅
一右るす中晝二字過きより　老公幷中奧一達とも御出上山淺野兩家從高

杉大監察御供にゐ來る木戸夫婦爲御取持來る御馳走差出夜十字被遊御
歸候事
一御國より到着にゐ杉大參事より來翰
〇八月十二日　晴
一朝八字參　内夕二字退出
一丁抹公使參　朝
天顏拜例之通窺候無御滯相濟なり
一夕肥後米田津田兩大參事及大田黑其外招會にゐ野村大參事一同有明樓
ニ行土州板垣林兩大參事とも相席寛話就中山縣狂介品川彌次郎其外と
も出會賑々敷終に夜十一字分散一字歸宅なり
〇八月十三日　晴
一朝八字參　内夕三字退出
一夕神田邸ニ前日御成爲御禮罷出薄暮歸宅す

一夜井上鑛山正檜了介來話す
○八月十四日　晴
一朝八字參　内夕二字歸宅
一夕沖探三其外因幡三名門脇大佑等來話夜十字分散
○八月十五日　晴
一朝八字參　朝夕三字歸宅
一夕鳥取藩招會にゐ小梅別莊ゐ翫月會罷越し門脇大佑坂田大史等集會夜八字分散有明樓ゐ立寄山縣狂介品川彌次郎中村芳太郎其外賞月會ゐ相集り賑々敷未明歸宅
○八月十六日　晴
一休暇
一朝新田郡山大參事岡田福山大參事等來話
一夕中島中辨招會にゐ橋場別莊ゐ行辨官史官等賞月會なり夜十一字歸宅

○八月十七日　晴
一朝八字參　內夕二字退出
一夕野村木戸同道濱町熊本藩邸ニ行米田津田兩參事及大田黑招會なり夜十字歸宅
一御國より飛脚着にゐ本月三日之るす狀幷柏村母上より書狀とも到來無事なり
○八月十八日　晴
一朝例刻參　內例刻退出
一夕後藤從四位招會にゐ橋場別莊へ行木戸野村幷高知藩板垣退介下村彌太郎毛利恭助等集會夜九字歸路一同川長ニ立寄鳥取藩沖大參事山田宗兵衞之又招會なり終夜一字歸宅す
○八月十九日　晴
一參退如例

○八月二十日　晴
一朝八字參　內夕三字退出
一夕長松少辨同道濱町館林邸ゟ行隱居從四位ゟ招會にゐ寛話夜十字歸宅す
○八月廿一日　晴
一休暇
一夕杉民治明日ゟ歸國に付爲暇乞來話折柄宇喜多八郎も近日交代歸國之段爲吹聽來る
一朝山中石卷知縣事來話
○八月廿二日　晴
一朝八字參　內夕二字退出
一夕神田邸ゟ行　老公拜謁過日來少々御足痛にゐ中奧にゐ御寛話申上九字歸宅

○八月廿三日　雨
一朝八字參　內夕五字歸宅
一夜木戶來話
○八月廿四日　晴
一朝八字參　內夕十二字退出
一夕英公使談判に付ひしり坂公使館ゟ行尤大木民部大輔吉井同少輔同道なり相濟薄暮歸宅す
一明日ゟ御國飛脚出立に付るす狀幷山口藩權大參事中柏村貴兄等ゟ書狀仕出す
○八月廿五日　晴
一朝九字參　內十二字退出
一夕德大寺大納言一同東京府幷三田糀町兩救育所廻見山口中辨隨從知府事大參事等引請附廻り相濟八字歸宅す

一品川彌次郎有地品之允佛孛戰爭爲探索不日出立岡山藩士倉一享華頂宮御隨從米利堅遊學孰も壹兩日中出立に付爲暇乞來る

〇八月廿六日　晴

一休暇

一朝飯後より遊歩夜半歸寓

〇八月廿七日　晴

一朝八字參　內夕一字退出夫より民部省出勤七字歸宅す

〇八月廿八日　雨

一朝八字參　內夕二字退出

一夕神田邸に行上山淺野尋問す

一四字より三條右府公に行亞相參議中集會夜九字歸宅す

〇八月廿九日　雨

一朝八字參　內夕三字歸宅す

一夕熊本藩米田津田權大參事大田黑宮田少參事及野村正木等招待夜十一字分散す
○九月朔日　陰
一休暇參賀可仕之所依所勞御屆仕候事
一夜木戸來話明日横濱之由にゐ過日來進退之事段々周旋申尙相托置候事
○九月二日　晴
一朝九字參　內夕二字退出
一今日より八字參　朝之時刻追々短日相成候付九字に被　仰出候事
一夕右府公ゟ出段々御相談有之薄暮歸宅
一山口藩ゟ藤井七郎右衞門藤田新八今日神田邸ゟ着之途中にゐ相對之事
一夜木梨平之進來話河野光太郎同斷
○九月三日　晴
一朝九字參　內夕二字退出

一夕神田邸ニ行正木所にて藤井藤田及ひ山縣吉田等に寛話山口藩之近狀
承知薄暮歸宅
○九月四日　晴
一參　朝退出例之通
一夕藤井藤田吉田來話八字分散
○九月五日　陰
一朝九字參　內夕五字退出
一夕濱町熊本藩邸ニ行米田津田大田黒安場宮川等招會野村ニも行夜十字
分散歸る
○九月六日　晴
一朝神田邸ニ行　老公拜謁夫より平岡權大參事ニ行北島大參事一同東京
府御用相談夕六字歸宅
一休暇之事

○九月七日　雨
一朝九字参　内夕四字歸宅
○九月八日　朝小雨九字比より大風雨夕四字晴
一朝六字参　内今日於越中島調練場薩長土肥之徵兵
天覽に付
行幸供奉調練場着御之上頗大風雨暴張潮
天覽御半途
還幸御途中尤暴風破屋等非常之大災にて夕一字五十分比無御恙
還幸被遊候付例之通　御機嫌奉窺夕六字歸宅家宅も殊之外破損之事
一青木大典醫　供奉中深川に於て暴風破屋に被壓殊に滿潮に溺し卽死之段歸宅後承知直樣神田邸江行青木所江見廻實以慮外之事悲歎之至高階大典醫にも出會諸事
朝廷向御屆之次第等及相談置薄暮歸宅

一供奉之內青木之外官員に於て無別條尤兵隊其外同斷破屋にゐ怪我人は
段々有之幷暴風高潮にゐ深川邊町家之者死傷有之
○九月九日　晴夕雨
一休暇朝八字參　朝當節賀例之通
天顏拜相濟十字歸宅
一夕勝木禮三井上俊太郎來話之事
一佐々木正兵衛當度供にゐ罷登邸內一所居所今日南外長屋ぃ引移る
○九月十日　晴
一朝九字參　內夕三字歸宅
一藩制之儀被　仰出諸藩在京知事議員大參事共參　朝大廣間に於て三職
辨官招集議院長官判官等列席發表之事
一集議院閉院被　仰出候事
一夕野村大參事來話

○九月十一日　晴
一休暇
一伊勢神宮例幣使に付御神事　朝七字參　內例之通
御遙拜中伺候相濟九字歸宅
一晝後木戶參議昨夜橫濱より歸府過日來齒痛外國醫之診察を請如何と見
廻夫より遊步夜十一字歸宅す
○九月十二日　晴
一朝八字參　內過る八日薩長土肥四藩徵兵
天覽大風雨に付半途之所今日重而
天覽被　仰出置候所少々　御異例被爲在
行幸無御座右府公ゟ　御代見被　仰出例之通供奉之譯を以行軍於越中
島步騎砲調練相濟夜七字
御所迄行軍にて罷歸同九字歸宅

一孛漏生公使參　朝同國王より獻上物持參に付東伏見宮御相對御請取相成今日は御內々に而政府立會無之辨官壹人宮内卿其外立會之事

○九月十三日　晴

一朝九字參　內夕二字退出

一夕神田邸江行　老公江拜謁及山縣大參事所に而藤井藤田等寛話尤要用伺は

豐榮神社　宣命使來る十五日藩邸江被差遣　老公御頂戴可相成由に付彼是御都合御相談有之相濟夜九字歸宅

○九月十四日、陰晝後雨

一朝九字參　內夕三字歸宅

一米利堅元執政スワルト四十年間程執政相勤め同國に而は餘程有功尊敬する人に而各國に而も有名なる男なり過日渡來に付今日公使同道參　朝尤御內々之御格式を以て吹上離宮に於て例之通天顏拜右大臣德大寺大納言參議に而身柄一人及ひ彈正尹一辨官等伺候

畢ゐ紅葉御茶屋に於て政府而《マヽ》已寛話茶菓洋酒を賜總ゐ無滯相濟候事
一早朝齋藤福山大參事肥後内藤貞八來話之事
一老公一先御歸藩御内願之儀條岩兩卿江御頼仕置候所表通り御願書被差出可然段御内答有之野村山縣兩大參事江其段及通達置候事
一夕熊本藩米田安場來話夜十二字分散
○九月十五日　陰
一朝九字參　内夕三字歸宅
一夕藤井七郎左衞門藤田新八父子宇喜多八郎木梨平之進來話夜山縣狂介同斷孰も十一字分散之事
○九月十六日　晴
一休暇夕散歩辨官集會引請西本丸ゟ乞合にゐ有明樓江行幷御支藩中公議人中招會をも同樓にゐ外野村正木内藤山縣狂介其外段々列席賑々敷夜半歸宅す

○九月十七日　晴
一朝九字參　內夕三字退出
一夕木戸ゟ立寄寛話薄暮歸宅す
○九月十八日　夜風雨　○九月十九日　晴
一右兩日依所勞不參御屆例之通昨日より福井順道ゟ診察相賴候事
○九月廿日　晴
一所勞引籠
○九月廿一日　晴
一休暇
一此內之所勞快方に付歩行として夕四ッ谷より牛込神田邊散歩夕五字歸寓
○九月廿二日　陰
一天長節に付朝八字參　朝例之通

天顔拜相濟御祝酒頂戴十字退出神祇官ゟ參拜相濟十一字歸宅
一晝後深川大田寮ゟ行辨官中恐悅宴集會薄暮歸寓
○九月廿三日　夜雨
一朝九字參　內夕三字歸宅
一今日より招魂社祭禮馬駈有之見物す夕土方多久長松中村山縣木戶來話
夜九字分散す
○九月廿四日　雨
一朝九字參　內夕三字歸宅
○九月廿五日　晴
一朝九字參　內夕二字退出
一夕神田邸ゟ行夫ゟ木戶野村山縣正木藤井藤田吉田同道中村屋ゟ行寬話
夜一字歸宅
○九月廿六日　晴

一休暇
一昨今招魂社内に於て角力有之
一夕老公及女中衆木戸江御出に付爲御取持行夜十二字歸る
一畫岩國知藩事公御出夫より木戸江御出老公御取持被成候事
○九月廿七日　晴
一朝九字參　内夕二字退出
一夕神田邸江行　老公江拜謁及岩國知藩事江昨日之御禮に罷越薄暮歸宅
○九月廿八日　晴夜雨
一朝九字參　内夕三字退出
一夕門脇神祇大祐江行木戸并坂田神祇大史沖鳥取權大事其外罷越盛宴夜
九字歸宅
○九月廿九日　晴
一夕山縣狂介同道山野江遊歩

○九月三十日　晴
一右兩日共朝九字參　内夕三字歸宅
○十月朔日　晴
一休暇朝八字參　内　拜賀例之通相濟神祇官江參拜十字歸宅
一金澤藩陸原愼太郎藤堂津藩大參事等來話之事
一夕於芝紀州邸　老公より右府公岩德兩亞相公中山神祇伯正親町三條刑部卿宇和島民部卿等御待招に付爲御取持行外岩國知藩事兄弟木戶參議伊藤大藏少輔長松少辨等同斷相濟夜十二字歸宅
○十月二日　晴
一朝九字參　内夕三字歸宅
一近々坂地江便有之山田兵部大丞柏村庸之丞江書狀相認置候事
○十月三日　晴
一朝九字參　内夕二字退出

一夕神田邸江行夫より山縣野村正木藤井藤田國重佐々木江木木梨奥平前原同道に而兩國中村樓江行山縣正木明日ゟ歸藩に付前原待招なり夜十一字歸宅す

一浪花山田大丞ゟ去月十八日之書翰相達尙仕出す

○十月四日　晴

一朝九字參　内夕三字歸宅

一早朝神田邸江行山縣權大參事正木少參事今日發途歸藩に付暇乞なり

一山縣兵部少輔今朝發途御用有之下坂之上相濟歸藩之筈尤河村兵部大丞同道なり昨夕罷越留守中相對不致に付今朝尋問す

一正木江相賴み留守狀仕出候事

○十月五日　晴

一朝九字參　内夕三字歸宅

一夕五字米利堅岡士依待招麻布善福寺セハルト旅館なり江行夜十二字歸宅

○十月六日　晴夜雨
一休暇
一夕平岡權大參事方ニ行神田邸より野村藤田吉田淺野木梨大庭光永等集會夜十字歸宅
○十月七日　雨
一朝九字參　內夕六字歸宅す
○十月八日　雨
一朝九字參　內夕三字歸宅
一昨七日夕藤田新八竹田祐伯多田辰三郎長野九左衞門大庭此面三浦半兵衞平川波門等來話近々　老公御供にゐ歸藩之者ニ別宴なり夕十一字分散す
一今夕小河宮內大丞來話薄暮歸散
○十月九日　陰夜雨

一朝九字參　內夕二字退出
一夕木戸同道向島或別莊にて嚴原藩大島友之允其外招待に付行木戸家內山尾家內等參り夜十二字歸宅
○十月十日　晴
一朝夕參退例之通
一夕岩國知事兄弟ゟ招待にて平清ニ行木戸野村とも參り夜十字歸宅す
○十月十一日　雨
一休暇終日內居
一近々　老公御發途御歸藩に付杉權大參事柏村實兄ニ書狀認置尤客月十九日兩人より來翰返答なり
一寺內賴之刀出來に付兒玉七拾郎歸便ニ相賴差送候事
○十月十二日　夜雨
一朝九字參　內夕二字退出

一夕香川岡山權大參事招待にゅ木戸長松同道今戸利倉屋別莊ぃ行夜十一字歸寓
○十月十三日　陰
一朝九字參　内夕二字退出
一夕神田邸行明日ゟ　老公御發途御歸藩に付夫々爲暇乞回勤薄暮歸宅
老公御前に於て左之通頂戴之
羽二重御紋附御綿入壹此度御滯京中彼是苦勞ぃ對し被下との事
○十月十四日　雨
一朝九字神田邸ぃ行木戸野村同馬車にゅ鮫洲釜屋迄　老公御發途奉送同人は横濱迄御隨從藤井藤田同道御立後川崎屋ぃ行休息夕四時歸宅
一前件に付御暇之儀御内々御聞濟にゅ今日太政官ぃ不參す
○十月十五日　晴
一朝九字參　内夕三字歸宅

一伊太利亞公使參　朝例之通
天顔拜相濟候事
一昨十四日宍戸三郎參着之由にて今夕尋來寛話夜九字分散す
○十月十六日　晴
一休暇
一朝米田熊本大參事笠松知縣事長谷部柏木幷山縣大參事池田鳥取知藩事
等追々來話
一夕吉川岩國知藩事兄弟及隨從にて玉乃民部權大丞宮庄一長新兵衞下次
郎山縣何某其外招待夜十一字分散
一十月四日發柏村實兄より來翰相達左之通於藩沙汰相成候段申來る
廣澤兵助
右先年御内沙汰之趣に付身柄一代姓名替被遣御許容候處永世廣澤と
相唱度之由御斷之趣如願被仰出候事

明治三　九月廿四日　政事堂　印

一過る十三日於神田邸　老公より黒羽二重綿入御紋附頂戴之

○十月十七日　夜雨

一朝九字参　内夕二字退出

一夕江木清次郎國重徳二郎宇多朔太郎笠原半九郎明日より歸藩に付爲別杯外前原從四位藤井勉三藤田與次右衞門長沼總次郎奥平謙介多田辰三郎木梨平之進天野勢輔等同道今戸有明樓に行夜半歸宅

○十月十八日　雨

一朝九字参　内夕三字歸宅

○十月十九日　雨

一朝九字参　内夕三字歸宅

○十月二十日　雨

一朝九字参　内夕三字歸宅

○十月廿一日　陰
一休暇朝奥平謙輔宇多朔太郎來話
一夕濱町鳥取知藩事江行寛話九字歸宅
○十月廿二日　晴
一朝九字參　内夕三字歸宅
一夕野村弁佐藤寛作事御召にて明夕着府之由にて一同來話十字分散
○十月廿三日　晴○十月廿四日　晴○十月廿五日　陰夜雨
一三日共出退例之通
一廿四日夕宍戸三郎來話過る十八日より横濱江行今日歸府之由にて來話夜十字分散
一柏村庸之丞浪華より此度兵部省御人選を以て佛國江被差越候付近々横濱より出帆之都合にて寄宿
○十月廿六日　晴

一休暇
一朝大久保佐々木齋藤三參議爲右用談來議正午分散
○十月廿七日　雨
一朝九字參　内夕二字退出
一宍戸三郎刑部少輔佐藤寛作濱田縣權知事奉命
一夕岩倉亞相公ニ爲御用談罷越三條右府公德大寺正親町三條兩亞相公及
大久保副島大隈佐々木齋藤五參議等出席相濟薄暮歸宅
一夜佛人ヒラン來話此度兵學校諸生柏村庸之允《マヽ》列同道歸國に付招待す是
迄同校御雇教師なり十二字分散
○十月廿八日　晴
一朝九字參　内夕五字歸宅
一夕中津藩權大參事來話之事
一柏村實兄より過る十九日仕出之御狀相屆無事

○十月廿九日　晴
一朝九字參　内夕三字歸宅
一夕門脇神祇大佑沖鳥取藩權大參事坂田神祇少佑來話夜十字分散す
○閏月朔日　陰
一朝八字參　内當賀例之通
天顔拜相濟神祇官參拜十一字歸宅
一休暇
一晝名和緩來話す
○閏月二日　晴
一朝九字參　内夕五字歸宅
一柏村庸之允此度佛國ニ爲遊學被差越に付今曉より横濱ニ出行送別す
一木戸事一昨廿九日歸着に付て早朝尋問寛話
○閏月三日　晴

一朝九字參　内夕三字歸宅

一夕三野諸陵大佑來話

○閏月四日　晴

一朝九字參　内夕二字退出

一夕神田邸野村方尋問夫より長松少辨ニ立寄五字歸宅

一沖島取藩權大參事來話之事

○後十月五日　夕雨

一朝九字參　内夕三字歸宅

一三職一同於　御前常御所左之通　御沙汰

方今之時體内外多事不容易儀に付一際

御勵精專ら冗費を除き萬機凝滯無之樣被遊度

叡慮に付於三職輩も益以一致協心を旨とし勉勵厚く輔賛可有之候事

參議分課

神祇官　兵部省　宮内省　集議院　大久保
　　　　　　　　　　　　　　　　木戸
民部省　開拓使　　　　　　　　　廣澤
大藏省　　　　　　　　　　　　　大隈
刑部省　彈正臺　　　　　　　　　佐々木
外務省　大學　　　　　　　　　　副島

一三條右大臣より左之通　御沙汰
　　　　　　　　　　　　　　　　廣澤參議
　民部省御用掛被免候事
　庚午閏十月　　　　　　　　　太政官
右は岩倉大納言大久保參議一同被　仰付置候處此度更分課被　仰出候
付一同本文之通
一夕長松平岡家內及ひ篠田福田等相招き夜十一字分散之事

○閏月六日　晴
一休暇
一門脇神祇大佑沖鳥取藩權大參事同道駒込王子染井巣鴨邊散歩夕七字歸宅
○閏月七日　晝雨
一朝九字參　内夕三字歸宅
一參朝中十一字比御城内蓮池前元御堂藏ニ火藥入置有之分手入不調法より失火一時
聖上吹上ヶ御茶屋ニ
御立除之義被爲在候所無間一字比鎭火相成其他無別條相靜候事
一一昨日比山口藩ニ幸便有之留守狀并柏村家内等之書狀仕出候事
一柏村庸之允佛國行彌昨六日横濱出帆之段申越候事
○閏十月八日　晴

一朝九字參　內夕三字歸宅
○閏十月九日　晴
一朝九字參　內夕三字退出
一夕野村權大參事同道米田津田兩參事其外熊本招會にゐ深川邊行沖鳥取
權大參事にも行夜十二字歸宅す
○閏十月十日　晴
一朝九字參　內夕四字退出
一夕木戶參議過日來所勞に付爲見廻行薄暮歸宅す
○閏十月十一日
一休暇
一終日內居夕藤田喜郎右衞門來話夜十字分散す
○閏十月十二日　晴
一朝九字參　內夕二字退出

一夕木戸宍戸同道上野邊散歩晴湖とも一席寛話夜十一字歸宅
○閏十月十三日　晴
一朝九字參　内夕四字歸宅
○閏十月十四日　晴
一朝九字參　内夕五字歸宅
一夜木梨檜木戸來話之事
○閏十月十五日　晴
一朝九字參　内夕二字歸宅
一蘭醫鵬杜英參　朝於吹上御茶屋
天顔拜被　仰付候事
一夕米岡士セハルト幷友人ハーフル頴川文書大佑等招受夜十字分散之事
○閏月十六日　晴
一休暇朝熊本藩荘原一郎林民部大丞等來話

一夕外出大木民部大輔作間權大史長松少辨等相尋夫より淺草邊散歩夜十
一字歸寓
○閏月十七日　晴
一朝九字參　內夕六字退出
一夕木戶野村同道沖鳥取權大參事招會にゐ泉文ゟ行米田津田熊本兩權大
參事とも集會夜十字歸寓
○閏月十八日　晴
一朝十字參　內夕三字退出
一夕木戶同道神田邸ゟ行藤田所にゐ宍戶藤田一同寬話夜九字歸宅
○閏月十九日　晴
一朝十字參　內夕四字歸宅
一近々藩ゟ飛脚便有之るす狀幷柏村家內へ書狀差出す庸之允書狀とも一
同相届候事

○閏月二十日　晴
一朝九字參　內夕二字退出
一工部院寺院寮等新に被設置候段被　仰出候事
一大隈參議身柄兩人工部分課之段府公申渡有之候
一夕木戸宍戸同道染井木戸別莊ㇸ行外に晴湖とも參り淸遊相泊候事
○閏月廿一日　晴
一休暇
一朝十一時染井より歸宅今晝米岡士セハトルゟ招待にㇾ十二字彼旅館善福寺ㇸ行澤外務卿石橋文書權正とも同斷にㇾ寬話食事差出夕五字歸宅す
一伊藤大藏少輔御用有之米國ㇸ被差越今日ゟ發途に付昨朝爲暇乞相尋候事
○閏十月廿二日　晴

一朝九字參　内夕三字歸宅
一夕門脇神祇大佑來話夜九字分散
○閏十月廿三日　晴
一朝九字參　内夕三字歸宅
一夕松岡外壹人招魂社懸り招請夜十字分散す
○閏十月廿四日　晴
一朝九字參　内夕五字歸宅
○閏十月廿五日　晴
一朝九字參　内夕二字退出
一夕中村少辨招立にゐ深川松本ニ行辨官中巖谷作間兩大史木戸同道なり
夜八字分散十一字歸宅す
○閏十月廿六日　晴夜雨
一休暇

一朝松本源太郎矢島源助來話
○閏十月廿七日　晴
一朝九字參　內夕三字歸宅
一夕大木民部大輔林民部大丞松方民部大丞來話夜九字分散す
一夜七字比永田馬場元丹羽家敷裏手失火大久保副島兩參議近火に付見廻として使差越候事
○閏月廿八日　晴
一朝九字參　內夕三字歸宅
○閏十月廿九日　晴
一氷川社
行幸供奉被　仰付今曉五時參　內七字三十分
御發輦坂下御門より和田倉御門神田橋御門通本郷金澤藩邸御小休夫より

御小休　　　　　　　　巣鴨
御　昼　　　　　　　　板橋驛
御小休　　　　　　　　志村
御野立　　　　　　　　戸田川
御小休　　　　　　　　蕨驛
夕五字浦和驛
行在所に　御機嫌能御着泊被爲在御折合之上下宿す
一今曉四字比神田明神下夕町家失火御道筋にも有之致混雜候所未明比鎮
火相靜候上
御出輦に付少々御遲刻相成候事
一中山伯德大寺大納言佐々木參議九條尹坊城大辨多久長松兩少辨等供奉
其外略之
○十一月朔日　朝雨午時前晴

一朝七字御供揃にて
御出輦尤嚴儀列氷川神職宅ゟ一應御小休御鳳輦にて正午前
御社參無御滯被相濟再度神職宅ゟ御小休夕一字大宮驛御晝にて夕四字
浦和驛
行在所御着泊被爲在候事
○十一月二日　陰終日小雨
一朝七字御供揃にて
御發輦御晝御小休共廿九日御出之通夕四字　御機嫌能
還幸被爲遊宮內省當番大丞ゟ恐悅申上夕五字三十分歸宅す
一昨夜於浦和驛
御前にて御酒饌可賜之所　御取込被爲在候趣を以て宮內省より下宿爲
持頂戴之
一正木市太郎より客月十七日之書翰到來す

○十一月三日　陰
一朝十字參　內夕四字歸宅
一朝大坂府知事四辻甲府縣大參事柴原等來話す
○十一月四日　晴　○十一月五日　晴
一右兩日共朝九字參　朝夕三字歸宅
○十一月六日　晴
一休暇
一朝沖島取藩權大參事中村大津縣大參事等來話す
一晝後馬車にて淺草邊遊歩薄暮歸宅
○十一月七日　晴
一朝九字參　內夕三字退出
一神田邸江行岩國知藩事相尋薄暮歸る
一御國ゟ御用狀箱到着にて今般御改正伺申來候由にて今朝野村藤井持參

尙福原內藏允林秀太郎桂正熊等來話夜木戸藤田與次來話之事
一去月四日之るす狀弁柏村兄より同十七日之書狀到來無事
一近々當地より御用狀箱仕出候由に付るす狀柏村兄ゟ書狀差出弁過日
行幸中頂戴之　御菓子ともるすゟ差送候事
一吉田右一郎眞鍋藤三等よりも本月中仕出之書狀到來す
〇十一月八日　晴
一朝九字參　內夕二字退出
一退出掛三條右府公ゟ行德大寺正親町三條兩亞相公參議一統集會夜八字
歸宅
〇十一月九日　朝雨夕晴
一朝九字參　內夕三字歸宅
一今夕延寮館に於て蘭公使三職中ゟ相對之事
一夕木戸山尾兩家內宍戸山縣兩少輔山田兵部大丞等招待夜十一字分散

山田は明日より歸坂暇乞を申而來る
○十一月十日　晴
一朝九字參　內夕三字退出歸宅
○十一月十一日　晴
一休暇
一晝佐久間權大史平岡權大參事山尾權大丞等來話夜藤田與次右衞門來話
一泊す
○十一月十二日　晴
一朝九字參　內夕二字退出
一夕長松少辨ゟ立寄寬話薄暮歸る
一夜南貞助來話
○十一月十三日　晴
一朝九字參　內夕二字歸宅す

一夜林少辨ぃ行寛話十一字歸宅
○十一月十四日　晴
一朝九字參　内夕三字歸宅
一夕藤田多田長沼事近々歸藩に付南事近々英行に付爲暇乞招會折柄井上
工部大丞尋來同人は佐渡奥羽邊鑛山巡見一昨日歸京なり木戸同斷過る
十日より正親町三條亞相大久保參議一同伊豆國燈明臺成就見分歸り掛
なり彼是集會終十二字分散す
○十一月十五日　晴
一朝九字參　内夕三字歸宅
○十一月十六日　晴
一休暇
一朝吉井民部少輔吉井同權大丞兼大坂府權大參事山尾工部權大丞等來話
す

一夕赤坂邊芝本町通昇《マヽ》平橋より御茶ノ水通り牛込江乗廻に而歸宅
一多田歸便江柏村兄江書狀差越候事
○十一月十七日　雨
一朝九字參　内夕三字歸宅
一夕木戸尋問薄暮歸宅
一右大臣公より左之通御達拜命す

　　御用有之上京被　仰付候

　　　　　　　　　　廣澤參議

　　庚午十一月

　　　　　　　　　　太政官

外に香川從五位松尾宮内權大丞江も同斷西京御改革一件なり
○十一月十八日　晴
一朝九字參　内夕三字歸宅
一早朝兒玉準一郎來話兩三日前米利堅より歸朝に而段々情實及寛話候事

○十一月十九日　晴　○十一月二十日　晴
一右兩日共朝九字參　内夕三字歸宅
○十一月廿一日　晴
一休暇
一朝大屋神奈川縣大參事林民部大丞等來話
一夕淺草邊散步
○十一月廿二日　晴
一朝九字參　内夕四字歸宅
○十一月廿三日　陰小雨
一朝九字參　内夕一字退出
一夕正親町三條大納言宅に三職中集會に付條徳二公大久保木戸大隈佐々
木一同參集夜九字分散歸宅す
○十一月廿四日　雨

一新甞會に付休暇
一早朝沖鳥取藩權大參事來話
一朝右府公ゟ來翰　御用有之卽刻參　朝可仕旨申來る
一右に付九字參　內昨夜四ッ時比鍋町に於て南校御雇人英人タラス」リン
ヶ兩人何者共不知及殺害候段早速東京府刑部省彈正臺等及探索候得共
不相知外國人ゟ對し狠籍無之樣とは兼而嚴重御取締中於
政府不相濟次第と種々御評議相成り諸向ゟ取糺方幷英公使ゟ御挨拶又
は怪我人ゟ見廻等夫々被就御手置先夕三字退出歸宅
一夜酉ノ刻神祇官參　仕新甞祭相濟十二字歸す
○十一月廿五日　陰
一朝藤田與次右衛門長沼總二郞來る明日より歸藩暇乞なり
一朝九字參　內夕二字退出直樣刑部省ゟ參仕一昨夜外國人殺害一件吟味
御用なり夜十字退出歸宅す

一今朝南貞助來る近々英國ゟ勤學發途暇乞なり
○十一月廿六日　晴
一休暇
一朝池田鳥取藩知事沖同權大參事米田熊本大參事等追々來話夕二字分散す
○十一月廿七日　晴
一朝九字參　内夕三字歸宅
○十一月廿八日　晴
一朝九字參　内夕四字歸宅
一夕木戸大久保兩參議來話兩人共此度御用有之舊藩ゟ被差向明日發途に付暇乞なり外山縣兵部少輔同斷
一夜木戸ゟ行寛話十一字歸宅
○十一月廿九日　晴

一朝九字參　內夕四字歸宅
一夕林多久長松三少辨來話夜九字分散
○十一月三十日　晴
一朝九字參　內夕四字退出
一過る十四日比日田縣邊浮浪徒其外暴動不穩趣同縣中津藩等より一昨廿七日報知有之依之先河野彈正少忠其外被遣尙今朝報告段々亂妨之聞へ有之松方民部大丞出張被　仰付幷九州四國中國筋各藩にも嚴重御達有之候事
一左之貳通右府公ゟ被　仰渡之

廣澤參議

御用有之上京被　仰付置候所被免候事

太政官

庚午十一月

同人

東京府御用掛被　仰付候事

庚午十一月　太政官

右上京御免は參議中御無人之所過日外國人暗傷一件未召捕にも不相成折柄九州邊浮浪騷擾等彼是御用多に付被免東京府御用は大木民部大輔いも被　仰出候事

一夕多久少辨い行林少辨とも同道寛話夜十一字歸宅

○十二月朔日　晴

一當賀朝八字參　內例之通天顏拜相濟神祇官參拜晝十一時歸宅

一夕鳥取知藩事い被招濱町邸い行歸路沖權大參事同道米田熊本藩大參事尋問夜十二字歸宅

一晝和歌山藩少參事濱口儀兵衞來話す

○十二月二日　晴

一朝九字參　內夕四字歸宅
一夕武井角田縣權知事三田昇馬等來話す嚴原藩森川玉城同斷
○十二月三日　晴
一朝九字參　內夕三字歸宅
一宇喜田八郎家內一同一昨朔日着京之由被尋來閏十月廿九日之るす狀幷
寺內暢藏青木群平より來翰持參尙直々左右承知す
一賢所御神樂に付酉ノ刻參　朝例之通　上御拜被爲濟夜十字歸宅
○十二月四日　晴
一朝九字參　內夕二字退出す
一夕小梅に沖招立にて行米田野村香川等集會夜十二字歸宅
○十二月五日　晴
一朝九字參　內夕四字歸宅
一夕藤井勉三來話

一山口藩用狀箱便を以去る廿一日附柏村實兄高松權大參事等より來翰

一今晝各藩邸詰重役

御所ぃ呼出にゐ右府公身柄一同相對過る廿三日外國人暗傷一件に付尙

取締向之事委曲及演說候事

一近々當地ゟ山口藩ぃ狀箱便を以るす狀柏村兄木戸從三位等ぃ書狀仕出

す

〇十二月六日　晴

一休暇

一早朝ゟ上杉米澤知藩事久松松山知藩事宍戸刑部少輔武井角田縣權知事

三田昇馬津藩網取長等追々來話終に夕三字に及ひ分散す

一夕三字過藩邸ぃ行藤井にゐ寛話夜八字歸宅

〇十二月七日　晴

一朝九字參　內夕四字歸宅

一早朝廣島藩平山寛之助其外三人來話
○十二月八日　雨
一朝九字參　内夕二字退出直様刑部省ニ參仕過日外國人暗傷一件なり五字退出
一夕小河宮内大丞招會にて行門脇神祇大佑坂田同大史高階大典醫等集會夜九字歸る
○十二月九日　雨
一朝九字參　内夕四字歸宅
○十二月十日　晝晴
一朝九字參　内夕三字歸宅
一早朝神田邸宍戸を尋問之事
一宮花族及諸官人祿制幷資格之儀被　仰出候事
○十二月十一日　晴

一休暇
一和歌山藩少參事鈴木政五郎及大洲三郎兒玉淳一郎等來話
一夕久松從五位招會にゐ三田松山藩邸ゐ行後藤從四位幷藤野松山藩大參事其外集會夜八字分散
一右歸路霞ヶ關前上杉邸失火に付直樣參　朝無間鎭火に付十二字歸宅
○十二月十二日　晴
一朝九字刑部省ゐ參仕德大寺亞相澤外務卿九條彈正尹黑田同少弼佐々木參議等同斷去月廿三日夜神田錦町において外國人暗傷吟味一條なり相濟夕二字退出
一右退出前糀町一丁目出火に付直樣參　內鎭火之上夕四字歸宅之事
○十二月十三日　晴
一早朝藤井勉三來話
一朝九字參　內夕三字歸宅

一夜山尾工部權大丞來話す
○十二月十四日　晴節分
一朝九字參　内夕三字歸宅
一夕廣島藩津川顯藏平山淸彥來話す
一早朝橋本度會縣知事來話
○十二月十五日　晴
一朝九字參　内十二字退出直樣東京府に參仕薄暮退出
一夕門脇神祇大佑に行北川大史集會寬話夜十一字歸宅
○十二月十六日　晴
一朝藤井勉三宍戸少輔野村右仲山尾權大丞片野少參事等來話
一晝後米田大參事に行夫より秋月從四位へ行土方多久林長松四少辨及河田剛松本源太郎等集會夜十二字歸宅
一休暇

○十二月十七日　雪

一朝九字參　內夕三字歸宅

一夕米田津田熊本藩兩大參事及白木彈次早川助作外壹人共來話夜九字分散

一今朝德島藩知事來話之事

○十二月十八日　小雪晝晴

一朝九字參　內夕三字退出

一夕德島藩知事ゟ行寬話夜九字歸宅す

○十二月十九日　晴

一朝九字參　內夕三字歸宅

一屋敷費拜領に付別紙之通兵部省ゟ願出御聞屆相成候事

願之趣聞屆候事

拙者儀招魂社御用地內にて先達て中久我正三位拜借屋敷ゟ轉宅仕度

総建坪三百貳拾五坪代金四百七拾三兩貳分貳朱銀三匁七分四厘にして御拂下相成候様奉願候此段被懸御詮議可被下致御願候以上

庚午十二月　　　　　廣澤參議㊞

兵部省御中

右代金小割

一建坪三百貳拾五坪　代金四百六拾三兩貳歩貳朱三匁三分四厘

一土藏貳ヶ所　　同拾兩

〆同四百七拾三兩貳歩貳朱銀三匁三分四厘

内　百六拾貳兩三分貳朱錢五拾壹文即上納

差引殘　三百拾兩三歩錢五百貳拾三文

右三拾八ヶ月上納之分壹ヶ月分金八兩貳朱錢貳拾八文

右之辻

○十二月二十日　晴

一朝九字參　內夕三字歸宅
一夕淺草邊散歩夜一字歸宅
○十二月廿一日　晴
一休暇
一朝宍戶少輔來話宇喜田八郎同斷
一夕林少辨ヘ行土方長松兩辨官秋月從四位幷德島藩山本大屬永野少屬外壹人共集會夜八字歸宅す
○十二月廿二日　晴
一朝九字參　內夕四字歸宅
一夕松平正二位ゟ土方林長松三辨官及秋月從四位等集會に付參り呉候樣申來候得共明日轉宅に付相斷候事
○十二月廿三日　晴
一表通り所勞を以不參御届例之通實は今日轉宅內問に付而也

一招魂社馬場買得屋敷ニ今日轉宅辨官幷に東京府ニ及御屆候事
一本月三日之るす狀相達候事
一槇村京都府權大參事木戸參議京都滯在中孰も本月十五日之書狀相屆候事
一夕米田熊本藩大參事來話す
○十二月廿四日　晴
一朝九字參　內夕三字歸宅
一前日信州に於て松代藩百姓騷擾其他藩內不容易次第に付林民部權大丞幷彈正臺官員出張無間及鎭定候後又々須坂藩內百姓蜂起是又無間相靜り其後過る廿一日中野縣下百姓大に騷擾亂妨猥籍縣廳邊も及放火官員之內鎭撫として罷出候者も行衞不相知程にて全體稅租金數萬金上納有之を見懸け全賊體之所業官員少人數中兵力も無之不得止立去り候との趣前日須坂藩出張之彈臺巡察屬壹人出會實地見聞之次第爲報知今曉歸

府依之吉井民部大丞福原同權少丞幷澤兵部權少丞徵兵三中隊共出張被
仰付候段御決定相成候兎角土民蜂起に乘し不逞之徒煽動いたし候哉に
も相聞へ不祥事候事
但昨日本文之趣少々相聞へ候ゆへ北代庶務正にも先達而出張被　仰
付候事
一過日三陸中膽澤縣登米縣にも少々蜂起無間及鎭定候段頃日報知有之候
事
〇十二月廿五日　雪
一早朝三浦兵部權少丞來る信州出張一件なり
一孝明天皇御祭事に付朝八字神祇官に參拜夫より例刻參　朝
聖上御拜に付例之通伺公其他御用相濟夕三字歸宅す
〇十二月廿六日　晴
一朝九字參　內夕三字退出今日迄御用日に付休暇なし

一夕退出掛阿州知事ニ行秋月從四位土方多久長松林少辨佐々木參議等集
會夜十一字歸宅
○十二月廿七日　晴
一休暇に候得共御用有之朝九字參　內相濟十一字退出夫より東京府ニ參
仕夕五字歸宅
○十二月廿八日　晴
一休暇に候得共朝九字參　內御用相濟引續き宮內省及
中宮ニ歳暮御祝儀申上十二字退出直樣歸宅す
○十二月廿九日　晴
一休暇夕散歩す
一昨廿八日先般魯西亞國より進獻之羅紗五色切壹包宛三職及諸長官迄拜
領之
目出度越年

明治四年辛未

○正月元旦　晴

一曉四字參　朝

聖上少々御違例に付四方拜不被爲在六字於大廣間例之通

天顏拜相濟御祝酒頂戴晝十二字退出掛三條右府德大寺嵯峨兩亞相

兵部卿宮ゟ廻勤夕一字歸宅

一終日賀客多々

○正月二日　晴

一晝後神田邸ゟ行豐浦岩國兩知藩事蜂須賀知藩事松平正二位九條彈正尹

中山神祇伯澤外務卿伊達大藏卿等ゟ廻勤及木戶宍戶ゟ行薄暮歸宅

一薄暮林少辨ゟ呼に來行德島知藩事中村岩鼻縣大參事等集會十一字歸宅

○正月三日　晴雪相半

一神祇官
行幸之所御違例に依て御延引尤御神事に付朝八字同官參仕相濟夕一字
歸宅
一夕松平正二位招會ニ行鳥取德島兩知藩事秋月從四位及土方林多久田中
中村長松五辨官等集會夜十字歸宅
○正月四日　晴夕小雪
一政始に付朝九字參　朝
聖上御違例に依て　出御不被爲在尤例之通相濟御祝酒頂戴晝十一字歸
宅
一昨二日ゟ今日迄例之通招魂社祭事參拜
一夕鳥取知藩事招會に付行　有栖川宮松平正二位德島知藩事秋月從四位
辨官四五名等集會夜十二字歸宅
○正月五日　陰

一賀茂春日氷川諸社奏事始に付朝九字參　朝
上御違例に依て　出御不被爲在例之通相濟御祝酒頂戴晝十二字歸宅
一過る元旦例之通
御扇子壹　拜領之

（表紙）「公用備忘録」

祝

國を治め民を恵むも天地とともに久しきありふらるかな

御詠御宸筆を以て英國王子に賜る

明治二年八月三日也

明治二年

〇八月廿四日

一中宮來る九月中御東下被　仰出候事

但大原正四位爲御迎早々出足同斷

一伊達建千代麿に北海道開拓之儀被成御依頼之段幷仙臺藩伊達藤五郎に

兼而同斷志願有之段達　上聞家來引連れ可致盡力樣兩條被　仰出候事
一東久世大辨開拓長官轉任御內意被　仰出候事
○八月廿五日
一松平民部卿大學別當兼侍讀轉任之事
一柏崎縣被置知事其外人選被　仰出候事
一窮民御救助に付
叡慮之筋詔書被　仰出御決定に付右府公初納參及ひ諸省等奏任以上百官々祿共救助御充行之爲め返上願出申談候事
一北海道國郡ㇸ大藩之向ㇸ管轄割渡之儀被　仰出候事
一中宮爲御迎五辻少辨上京之儀被　仰出候事
一鹿兒島知藩事より贋金自訴上表差出候事
○八月廿六日
一大廣間出　御今年淫雨農を害し萬民饑餓に逼候御救助之詔書被　仰出

候事
一薩長賞典之内秩祿半方返上被　聞食右御救助に御充行被　仰出候事
一北海道幷唐太開拓之議事あり來月五日出帆孰も渡海と相決す
〇八月廿七日
一今般窮民爲救助東京府ゟ米三千石京都府ゟ同七百石宛月別被立下候段被相達候事
〇八月廿八日
一仙臺藩石川大和片倉小拾郎至急上京之段御達相成る北海道開拓被　仰付との事なり
一大藩之向ゟ北海道開拓之　御沙汰幷地所御割渡之御證據物被下候事
〇九月二日
一東本願寺ゟ北海道中央往還道開幷東京增上寺より彼地開拓等願出被遣御許容候事

一盛岡ゟ林半七歸京彼地事情幷今般復歸に付獻金一件難相調事件等言上之事
一長崎浦上村邪蘇徒御所置一件渡邊昇江御委任に付議事有之大村知藩事幷島原藩坪田嘉拾郞江も同斷等之事件御內決之事
一三陸磐城兩羽按察使江御委任狀相調ひ同判官中川何某近々發途に付御渡之事
一同前按察使より來翰中緊要事件中仙道之藩情申來候儀誠堂謹愼御免等之儀爲窺上京之藝藩何某江大久保一同口頭に而篤度申含歸申候事
一今般條約結相成候澳太利亞《アウスタリ》國之使節水師提督今日品川沖著艦之事

○九月三日

一北海道出張之面々江　御對面拜領物等被　仰付候事
一開拓使江御委任狀御渡相成候事
一會津降伏人北海道江移住被　仰付候段兵部省江御達之事

○サントイツの内

一山本看督正噁太島江御國民出働一件舊幕府に於て失策事件御一新砌亞墨利加談判半途之所置とし而彼地被差越之段被　仰出候事賣奴之體御國辱なるを以歸す策なり

一澤外務卿寺島外務大輔江今般澳太利亞國使節和親交易條約取結御委任被　仰出候事

○九月四日

一姫路藩知事より雅樂幷閑亭江音信不通御屆申出候事

○九月五日

一高知藩より贋金自訴書附差出候事

一東京府窮民御救助仕法大參事中より言上之事

一信州邊土民蜂起先達而伊奈縣邊沸騰後又々上田松本邊蜂起之段屆出其原由は贋金不通用よりにて其道附振議事有之候事

一東久世卿江佛公使相咄候樣は支那國近年魯西亞江依賴し而英佛を疎し

先年來條約をも彼是不都合相生し孰れ曲直談判之末には可及干戈之由今日新聞す今般英王子彼國御立寄も相拒み候由先達ゐ延遼館御引請中承知其儀にゐも屹度及談判いつれ平穏には相濟間布樣相咄し全符合す

一澳太利和親交易條約御取結に付使節來る十二日參　朝被　仰出御布告相成候事

〇九月六日

一服制之事に付右府公亞相公其外諸卿等華族中集會議事有之筈

笠挑燈之制に至る迄

〇九月七日

一贋金蔓莚《マヽ》幷分拆の上引換等之儀過日集議院ゐ御下問相成り今日於院言上に付納參一名宛院ゐ出仕之事

一函館賞典詮議窺御決議之事

一田中五位巖谷大史京都ゟ下著彼地事情言上之事

一木戸知藩事今般蝦夷地開拓之儀は景山公遺志も有之實以
皇國の要衝に付十分盡力仕度旨願出格別之御沙汰を以て管地割渡被
仰付之禮として今日國元ゟ參着御届參　朝有之候事

○九月八日

一邪蘇徒於崎陽所置一件幷嚴原藩々祿一件示談として大隈民部大輔へ行
申合相濟候事

一學校皇漢合併論規則議事之事

一過る四日夜於西京木屋町三番旅寓大村兵部大輔ニ狼籍拔刀亂入手疵を
負ひ候段今夕到來有之候事　京都兵部省ゟ報知

○九月九日

一大村一件留守長官ゟ報知及彈正臺出張ゟ同斷にて都合委鋪相分る益次
郎深手大隊隊《マヽ》試補靜間彥太郎英學敎授安達何某卽死大村家來一人卽死
一人深手狼籍者六七人にて壹人死す其他行衞不相知との事

一長岡少 中島中辨右御尋慰爲　御使上京其他猥籍者探索方諸達等御發之事
一淺間嶽鳴動一件言上之事
一獨逸本條約書相調ひ近々御取替之事
○九月十日
一集議院刑律御下問之事
一水戸藩知事北海道開拓一件御禮として出府
天顏拜之上厚き　御沙汰を蒙候事
一慶喜以下尙御宥免振　叡慮之所議事之事
一長岡少辨今夕發途之筈なり
○九月十一日
一薩土贋金自訴に付六省其外諸官卿輔等之衆議之事
一仙臺藩石川大和片倉小拾郎御用召に付出府之段兩人家來屆來る北海道
開拓被　仰付之積なり

一同便渡邊按察判官ゟ來翰仙臺情實報告なり
一昨十日耶徒御所分之儀渡邊彈正大忠ニ被　仰出幷松方日田知縣事大村藩知事野村長崎知縣事西四辻大坂知府事等ニ同斷御內沙汰被　仰出候事
○九月十二日　晝晴
一澳太利亞使節參　朝天顏拜國書持參和親條約之事
一肥前筑前賞典半方御受納之儀願之通被　仰出候事
一伊達從二位民部大藏兩省卿　宣下被　仰出候事
一來る十八日比軍艦被爲　召横須賀大造艦場臨幸被　仰出候事
一皇漢合併學則之儀集議院議事ニ御下問之事
○九月十三日　晴

一仙臺藩石川大和片倉虎《マヽ》十郎ハ北海道開拓被　仰付先達而同藩伊達藤五郎願御沙汰書に同し

一五島銑之允願に依右同斷莊內藩同斷

一彈例被　仰出一件に付刑部省ゟ申出之趣有之追而評議迄是迄之通被仰達候事

一九戸縣八戸ハ轉縣被　仰出候事

一耶徒御所置一件御議事外務卿大輔渡邊大忠列席御治定之事

○九月十四日

一香春藩鶴田藩前年長州と戰爭之節領地を失ひ本祿及減少居候分御藏米を以て爲藩祿下賜候段被　仰出候事

一函館戰功賞典

詔書幷夫々御賞秩等被　仰出候事

一大村兵部大輔ハ狠籍もの越前府中に於て久保田藩四人捕縛之段京都刑

官ゟ報知有之候事

○九月十五日

一慶喜以下御寛典御所分御議事之事

一嚴原藩用途不足に付舊幕府中安永年間歳給一萬貳千金被渡下其後去る癸亥之年現米三萬石に振替被下置候處此度九州地にて高三萬石餘之地所管轄被　仰付候段被相決候事

○九月十七日

一榎本釜次郎松平太郎以下御所置振至急有之度之所佛人一件談判に關係に付右決末迄は御延引可然之段議事有之候事

一復古功臣賞典之儀戰功一同不相後樣可有之筈之所窮民御救助一件にて尙御延引相成居候所近々被　仰出可然哉之儀同斷

一香春藩賞典之內救荒に奉獻度再願之所貳拾萬石以下之藩々は再三願出候共不被　聞食候て可然段御決定之事

一横須賀製鐵場

行幸先御見合にゐ近々集議院學校等ニ

行幸可被爲在之段御内決之事

一岩城平藩今般復歸金七萬兩獻納可致之所一藩難澁に付高三萬石之外込

高四千石餘有之候分上地にゐ右獻金被免候段被　仰出候事

一於集議院皇漢學則御下問有之候事

○九月十八日

一久保田藩知事兩三日前出府にゐ參　朝御對顏被爲在去年戰爭別ゐ盡力

後初ゐ出府に付　御沙汰有之

一榎本釜次郎以下御所置議事之事

○九月十九日

一私鑄金自訴薩土筑三藩御内沙汰之事

一松前敦千代函館戰爭出陣盡力後壹兩日前出府參　朝御對顏被爲在同知

藩事ハは先達而御賞典貳萬石加秩候得共敦千代は右志摩守名代上京中重き　御沙汰を奉し鞠躬盡力當時知藩事伯父に付格別御太刀拜領す

一海軍陸軍御興張に付議案集議院ハ御下渡相成候事

一大村兵部大輔ハ先達而狠藉手掛り姓名京師より申來候事

○九月二十日

以下○印入る

○九月廿二日

一天長節に付濱殿延遼館に於て外國公使書記御待招兵部卿宮德大寺亞相公大久保副島兩參議其外辨官外務卿輔等出勤之事

一○一昨廿日來る廿七日集議院ハ行幸之儀被　仰出候事

一○同斷薩土筑金幣私鑄之藩々其鑄造始終年月器械廢毀如何現存は可差出惣員數等御取糺之儀被　仰出候事

○印二廉記落に付是に記す

一贋金引替之道被相定先金札三拾兩を以て被成御引替追而惣員數銘々持分等篤と取調之上猶御詮議之品も可有之段御決定之事

○九月廿四日

一岩代巡察使四條從四位出府舊會降伏人所置幷容保御所置後出生慶三郎之事件々言上之事

一池田從四位彈正大弼　宣下之事

○九月廿五日

一英公使ゟ猥籍之細川藩兩人御所置に付兵部省ゟ英人罷越立會之事

一復古功臣御賞典彌明廿六日御發表之事

一昨廿四日山口知藩事ゟ豊石御預け地今般上地被　仰付候付兵隊之事等歎願書差出候事

一同斷於刑部省太子堂□□□捕縛一件彈臺搜索粗漏不束之趣言上之事

○九月廿六日
一復古御賞典被　仰出候事
○九月廿七日
一集議院ニ
行幸海陸二軍御興張之儀御下問謹答被　聞召畢而一統ニ御酒肴下賜候
事
○九月廿八日
一徳川慶喜松平容保以下反逆之徒御宥典
詔書を以て被　仰出夫々　御沙汰有之候事
○九月廿九日
一中宮御東下一件に付京師之人情不穏候所段々鎮定來月五日彌
御啓行可被爲在紛紜之御情實留守長官より報知有之候事
○九月卅日

一仙臺藩ゟ去年奥羽諸藩順逆を失ひ不容易御手支仕候巨魁は全く仙臺藩に有之出格之御詮議を以て當藩ハ尚更御咎被　仰付他藩之儀は御宥免被爲在候樣歎願書差出候事

○十月二日

一昨夜太政官主記平澤通毅舊藩兩人と下谷松源と申茶屋に於て酒之後議論上ゟ平澤事同藩何某壹人を及傷候次第屆出刑部省ハ引渡相成候事

一集議院長官判官幹事等參　朝贋札引換一件先達而御下問之末言上之事

○十月四日

一平岡兵吉歸府越後信濃川分水堀割一件水害請村中先出金之上御普請被仰付度との惣歎願之趣言上諸取調之書類民部卿ハ相渡置候事

一浦和縣に於て彈臺巡察屬不都合之趣有之及逮捕候一件に付知縣事上表之事

○十月七日

一集議院宣敎一件議事之事
○十月八日
一亞墨利加公使交替に付參　朝有之例之通
天顔拜之事
○十月十日
一中宮御啓行過る五日無御滯京都御發途被爲在候段留守官ゟ報告有之
一大夫士官祿制辨官に於て精調之分田中五位ゟ差出候事
一衣服制度其外華族中調らへ物議事有之候事
一金札拾兩五兩大札之分引替爲手當小札貳歩貳朱等之分新調御決議之事
蝦夷東西兩部十一ヶ國七十九郡
内譯
村數　三百十三ヶ村
戶數　土人土著出稼立網さし網合て　四萬三千三百五十八軒

人口　三十萬〇五千二百六十八人
海漁　四百十六萬〇六百六十七石
山獵　六萬九千三百三十石
農　十萬〇二千五百三十石
漁獵農總計高四百三十三萬二千五百二十七石也
〇十月十三日
一狭山藩知事北條従五位上京知藩事辭表差出す右は當度段々之事情を以て　皇國前途之爲め眞に差上度段願出候得共一紵之御請之次第を以て押而被　仰出候處一應歸國之上猶又願出候事
〇十月十四日
一贋金製造之罪人可所流刑之段先達而略御決定相成候今般刑律取調へ被仰付候所にても八逆強盗押入之外は死罪を宥め寛刑に可處之儀被仰出置候處若松縣之儀兵亂後他府縣と格別民政難取締趣有之猛を以て速に

所置不致而は所謂一人を罰して千萬人懲らしむる場合に難立到段知縣事ゟ訴出篤度御評議之末彌以來贋金之罪人流刑に止り候段御決定之事
○十月十七日
一長崎大參事中島九郎出府渡邊彈正大忠之御內命邪徒御處置一件取調らへ罷越候事
○十月十八日
一大原長官其外御賞典追御詮議御發表之事
○十月廿二日
一高崎藩人民沸騰岩鼻縣ゟ依賴歎願之筋申出先鎮靜方御沙汰之事
○十月廿三日
一惡金引換之道御布告之事
一外國人ゟ對し粗暴なき樣又々押し御布告之事
○十月廿四日

一中宮御著城
一集議院長官初惡金引換一件御布告に付言上之事
〇十一月九日
一中下大夫減祿之儀判談書諸省卿輔等ゟ例之通御下問之事
〇十一月十日
一鐵道製造御決定に付於英國金銀御借入之儀大隈大藏大輔伊藤民部少輔ゟ御委任被　仰出候事
一大村兵部大輔儀先達而之變傷終に療養不相調過る五日於浪花死去之段報知有之候事
一新潟表外務混雜無之樣名和大參事ゟ書狀差越之事
〇十一月廿三日
一士官學校定則先被相定度事
一學校造營

一佛學通辨者御雇入相成度事
一士族其他兵員に加居候者たり共無據差湊之次第有之面々は依願歸農歸商御免相成度事
一士族十六才より十八才迄之者は盡く學校入込被　仰付度事
　但勤學中大暑中休息其他は休息不相成事
一士族十九歲ゟ廿六歲迄姑息學校入込輕步兵教練ゟ士官學大略卒業被仰付度事
一漢籍學校御廢止之事
一漢蘭英佛諸學は總而士官學之部分と御定相成度事
一佛國兵學者來未の春迄に御雇入相成候樣今日ゟ御胸算有之事
一海陸軍學校同一所に被建置度事
一會計分別
一文武官之差別

但文官は紋付羽織袴武官は軍裝

一兵隊減却

但先定則を定め斷然分別すへし

一士族兵

干城隊其他號被召上士官學校規則順序卒業之者卽士官と被定其他は

總而平民同樣にて唯士族之名而巳被存度事尤差閊有之歸農歸商被免

相成候節は舊來頂戴し來候給祿に對し土地配當被仰付度事

一足輕大隊

先佛式生兵散練ゟ輕步兵順序一通り爲學候事尤歸農歸商士族同斷

右卒業之輩に無之而は諸役務總而被差留度事

卒業之上勤功有之者は選擧を以て士官學校入込之事

一陪臣隊

但足輕大隊同し

一歩兵
一騎兵
一築造方
一輜重方
一諸官擢任之事
一武庫改正之事
以上
○十二月二日
一中大夫下大夫上士以下舊幕與力同心之輩一紼士卒族其地方貫屬祿制之儀被　仰出候事
○十二月三日
一前原參議事兵部大輔ニ轉任之事
一木戸従三位山口藩へ御用有之被差立幷支那朝鮮使節可被　仰付との於

御前御内命被爲在候事
一頃日於崎陽邪徒御所置之積にて昨日外國公使に外務卿より書翰を以て
相達候事
○十二月四日
一大學大目的議事之事
一來午年會計目的左之通
一米一萬五千石　宮内省
一同九千三百石　駿遠七藩轉封被下
一同九千七百貳拾石　兵部省
一同貳千貳百五十石　同伏見兵隊東下之分
一同六千三百八石　同降伏人
一同貳千貳百五拾石　東京府病院種痘梅毒藝園
一同百八十石　同兩藩無宿四人

一同四十三石
一同三百六拾石
一同千五百石
一同六百石
一同千石
一同百八拾石
一同貳拾七石
一同四拾五石
一同九十六石
一同貳拾貳萬七千石
一同三萬八千七百三拾七石
一同四萬三千八百三拾貳石
一同千四百貳拾石

同上水屋敷改棟梁
同寄場
同老養被下
同牢舍人扶持
同浮浪之者扶助
大藏省淺草御藏小揚
同回米用達
民部聽訟白洲番
水夫ヽ給米
賞典
府縣所屬朝臣本祿並御扶助共
元堂上增祿
東京府

一同七千八百九拾六石　同官員年祿
一同拾八萬石　二官六省其外諸官員年祿
一同七萬石　諸縣官員年祿
一同十一萬八百二石　辨官附兵部省附朝臣被下
一同凡五萬石　八十八歲以上老養被下
一同壹萬石　蝦夷地開拓
一同貳千五百石　招魂社料
一同貳萬九千百七拾貳石　若松降伏人
一同五千四百石　同高田藩預
一同七千五百九十六石　同東京在住
一同二萬石　京大坂二府
米八千四百石同三萬六千石合四萬四千四百石　京都東京窮民救助
內

二萬六千七百石　　薩長並大久保廣澤賞典半方獻納
八千四百貳拾石　　奏任以上年祿之内
　差引
一米九千貳百七拾九石　　〃
一同千八百六十貳石　　兵部省薩長土徴兵
一同五千石　　同十津川郷士
一同八千六百八拾三石五斗　　鶴田藩渡
一同一萬千百九拾三石三斗五升　　香春藩渡
〆米八拾八萬九千四百九拾三石八斗五升
外　凡五百萬石　　元堂上増祿見込
○
一金三拾六萬兩　　宮内省
一同二萬四千兩　　外務省

一同一萬五千兩　外國留學
一同千二百兩　神祇官
一同千二百兩　行政官
一同一萬二千兩　刑部省
一同三千六百兩　彈正臺
一同二千五百貳拾兩　學資料
一同九千六百兩　昌平學校
一同一萬八千兩　開成所
一同三萬六千兩　醫學所
一同七拾貳萬兩　兵部省
一同七萬貳千兩　東下兵隊
一同四十萬兩　京都諸兵隊 六大隊
一同十二萬兩　若松酒田 柏崎出兵

一同十四萬四千兩　薩長土三藩徴兵
一同四萬八千兩　薩州獻艦二艘
一同二萬四千兩　長州同斷
一弗一萬六千三百二拾枚　開成所雇入外國人
一同九千六百枚　同醫學所
一金十一萬三千四百兩　若松在住降伏人扶助
一同九萬九千兩　同東京在住
一同七萬二千兩　同若松之外
一同三拾萬兩　堤坊
一同一萬八千兩　上水普請
一同一萬二千兩　驛遞
一同貳萬七千六百兩　用度
一同十八萬兩　路費

一同七百貳拾兩　淺草御藏
一同五千四百兩　包座
一同千二百兩　回漕
一同千二百兩　民部省庶務
一同八千四百兩　土木役局入費
一同拾二萬兩　營繕
一同六萬兩　民部圖籍
一同十二萬千四百四拾八兩　東京府
一同八萬九千拾八兩　元堂上へ二季賜
一同十七萬千百五拾兩　東京町人調達金下戻元利
一同二十萬兩　北海道開拓
一同拾萬兩　外國交際
一弗五拾萬枚　巳五月より午五月迄外國人拂元利

一金三拾六萬兩
一同五十萬兩
一弗八萬四千枚
一金三拾六萬兩
一同凡百萬兩
一同四十萬兩
一同拾二萬兩
一同三萬兩
一同拾萬兩
一同五萬兩
一同四十萬兩
一同六拾萬兩
一同三拾五萬兩

燈明臺
造幣寮外國人九人雇料共
外國人雇料大坂長崎生野
製鐵所
惡金引換
京大坂二府入費
勅祭下行
按察府
土地測量檢地其外入費
鐵路造築用意
諸縣入費
外國借財利足
內國債利足

一同七百五拾萬兩　楮幣引換三ケ年割一ケ年分

一同十八萬兩　鑛山諸入費

〆金千六百二拾三萬二千百七拾六兩

外

諸縣定額之分臨時　同官舍創立

凶歳窮民御救助　水利堤防臨時

兵部省臨時　諸官省臨時

右等之御入用見込無之候事

一高四百四十三萬六千五百六拾二石　此取米百拾萬九百拾四石

但免二ッ五分

一同百四十七萬五千六百二石　此取米拾四萬七千五百六十石

但免一ッ

二口〆米百二十四萬八千四百七拾四石　外高百七拾四萬八千二百八拾二

石

奥羽の内當巳年皆無の見込

以上

○十二月九日

一横井平四郎罪狀一件彈臺ゟ申出筋彌嚴重御糺彈被　仰付候付阿蘇大宮司其外急々出京すへく就而は狠籍もの御所分先御見合福岡藩預被除京都府に於て入牢可致段御決定之事

○十二月十日

一長崎縣權大屬尾上與一郎帶屋雅太郎至急上京邪徒御所分過る朔日ゟ縣外國人之應接振幷三日之猶豫いたし遣し四日には乘艦移住之所置必す相運との積り就而は英公使彼地ゟ上京政府へ可申立事件等報知す

覺に記す

一大藩八家　此祿高五百拾萬四千五百石

一中藩四拾家　同七百〇七萬五千五百三拾二石
一小藩五萬石以上九萬石餘迄四拾九家　同三百〇貳萬七千四百拾三石
一同貳萬石より四萬八千石迄八拾家　同貳百貳拾三萬貳千五百〇八石
一同一萬九千五百石以下萬石迄九拾四家　同百拾貳萬六千三百三拾九石
〆大中小藩貳百七拾一家　惣高千八百五拾六萬六千貳百九拾貳石
一現米四百〇貳萬六千九百七十二石六斗七升四合六勺二二
〇大藩　十五藩
中藩　二十四藩
一同百九拾八萬八石一斗五升〇四勺三才
小藩　三百三十三藩
一同三百〇五萬七千九百拾五石三斗九升四合六勺
惣計三百七十二藩
九百〇六萬四千八百九拾六石貳斗一升九合六勺五才三

但嚴原高梁斗南生坂四藩調らへ未に付除之

此内（正租八百三十九萬四千九百五十石餘
雜稅六十五萬五千四百七十九石餘）

一同六十三萬七千三百十六石余　金澤藩

一同三十七萬八千五百二十七石余　熊本藩

一同三十二萬九百三十八石余　奈古屋藩

一同二十九萬八千七百九石余　鹿兒島藩

但琉球雜稅砂糖以下除之

一同二十七萬九千百四十一石余　和歌山縣

但鹽稅除之

一同二十五萬五千四百九十七石余　廣島藩

一同二十五萬千九百八十二石余　山口藩

一同二十四萬七千七百六十五石余　高知藩

一同二十一萬九千三十八石余　佐賀藩

一同二十萬九千四百八十石余　静岡藩
一同二十萬七千三十八石余　福岡藩
一同二十萬六千三百五十九石余　徳島藩
一同十八萬三千五百三十五石余　久保田藩
一同十七萬三千七百五十五石余　岡山藩
一同十五萬七千八百八十四石余　鳥取藩

以上大藩

一同十四萬二千四十二石余　弘前
一同十三萬五千六十三石余　松江
一同十二萬六千五百五石余　津
一同十二萬六千四百三十八石余　久留米
一同十一萬千五百石余　福井
一同十一萬七百四十八石余　松山

一同九萬四千三十石余　彦根
一同九萬七百三十七石余　豐津
一同八萬八千八百三十二石余　姫路
一同七萬五千七百三十二石余　柳河
一同七萬五千七百七石余　高松
一同七萬二千三百八十九石余　盛岡
一同七萬八百八十八石余　新發田
一同七萬五百五十二石余　大泉
一同六萬六千九百二十五石余　富山
一同六萬五千四十七石余　米澤
一同六萬三千三百八十一石余　仙臺
一同五萬九千四百八十七石余　郡山
一同五萬七千七百二十九石余　水戸

一同五萬五千九百五十二石余　福山
一同五萬五千三百二十五石余　小濱
一同五萬二千四百七十五石余　平戸
一同五萬千九百九十八石余　大垣
一同五萬九十七石余　佐倉
以上中藩
右午六月調
府藩縣の管轄高を通し全國の歳入を總計して諸族の家祿及賞典等を除き殘石五分の一を以て海陸軍費の定額とする凡積割合
一府藩縣管轄高八百萬石余　但巳九月調御國高帳の前
内
高二百萬石余　花族士族其外の家祿及賞典終身下賜等除之
殘高六百萬石　此貢米百五十萬石

但豊凶平均免二ッ五分

此五分一現米三拾萬石

内 金米

右政府收納高の五分一を以て海陸軍一切兵事に關する費用の定額とす

藩前に有之除き

諸港輸出の内

一乾鮑　四千七百十二担二十七斤

一煎海鼠　三千二百三十二担七十一斤

一板昆布　二十一萬三千六百八十四担七斤

一生糸　七千二百六十担四十五斤

一玉糸　六担二十五斤

一熨斗糸　九百六十三担六十六斤

一蠶卵紙　百四十萬千五百七枚
一石炭　二十四萬四千四百七十八担四十斤
同輸入の內
一木綿織物類八千八百十五反
一生金巾　五十五萬五千二百二十九反
一染金巾　三萬七千二百八十一反
一蠟燭　千五百九担九十八斤
一支那米　百七十萬三千六百九十六担六十八斤
右之外略之　巳ノ年中

「外國債の事跡」に書載加筆なり
四百五十兩の內百五十萬兩丈英國へ殘置夫々出來次第代金拂渡器械差
迯兩條共御創造可相成に付金百五十萬兩返濟不足に相成分は右期限迄

には丁銅賣拂代其外にて相整惣高四百五十萬兩前借不殘御拂濟可相成事」

「一佛普兩國の境里尼河《ライン》あり　佛帝ナホレヲン第三世　普王ウヰルヘルム第一世　佛執政ヲリウエ　普執政ヒスマルク」

一米國士セハルト

一伊太利セルハルジー

一高六百萬兩　　外國債

内　百五十萬兩

但長州戰爭後四ヶ國へ償金相拂殘無利足三ヶ年後拂之約條なり

四百五十萬兩

但舊來借財口々惣金高利足一ヶ年一割八歩貳厘より一割五分迄之高利足に付此分不殘返濟の筈

一高四百五十萬兩
右今般英人より借入可相成金高にて利足の儀は一ヶ年一割貳分にて十二ヶ年賦返濟の約束此借金高を以舊來借財高四百五十萬兩口々返濟の積り尤鐵路製作器械幷鑛山器械共前書四

庚午
九月七日民部大輔幷諸縣知參事氣附に答ふ草按右府公に呈す
一建國の體裁は天下の權力總て之を太政官に綜理し諸省及ひ地方官等は則ち政府の手足にして其本末を明にし立法司法の三權常に其分界を定立し其制すへきは之を制し其任すへきは之を任し同心戮力其基本たる政府を輔翼し以て萬機混雜の患なく又尾大の弊なきを要す今や此に一事あり政府熟議其適當なるを以て之を施行せんと欲て之を其關する所の省に下す其省拒て不受政府如何ともする能はす再三再四其事實不得止を說諭して漸く行はるに至れは時機既に失せり嗚呼如此にして天下

の權力太政官に紵理するの實はた何れにかある可嘆之甚敷と云つへし

一知縣事は各管轄地に親しく其職掌を盡さしめ各縣土俗風習の異る有と雖とも民政の大體に於ては全國同一なるへきを要す故に民部其大體を握り勸農理財等開國の良法を誘導し或は一縣美事を擧れは之を他縣に施行なさしめ其他土木驛遞等民部分司の事務と雖とも總て其大體を指揮し其施行すると及ひ瑣末の事に至ては專ら地方官に委任し其實効如何を督責するを要す

一牧民の大目的は農工商をして各智識を盡さしめ其職業を勸め以て盛に地力を興し大に百工を開き財路を通せしめ自主自由天理當然の權を失わさらしむるに在り此則人知を開く所以にして教育の基本とす

一從前士農工商の位置大に差等あり士は世祿常に尊大にして放逸の弊あり外三民は力食常に賎屈にして徒勞の可憐あり今や宜しく貴賎の分界を稍平均し四民同一素餐なく徒勞なく自主自由の權を得て智識を盡し

各力食するを目的とす

其他數件瑣末に付不記之

○五科大意

國法　憲章制度經濟の大典を掲示し官民雙方の諸權諸義を詳明にす

民法　人民交會の際本貫居住嫁娶父子夫婦田園貨財貸借約定等凡百の事に係りたる民人雙方の諸權諸義を詳明にす

詞訟法　公事訴訟の願方及ひ之を審判する法方を明示す

商法　貿易海運の業に於て各人の利益を防護する條規を彙集して明示す

治罪法　諸犯罪を逮捕し鞫問する規矩及賊盜等の難を蒙る者之を訴ふる條規を明示す

刑法　邦國の治安を害する諸罪犯相當の罪を明細に掲示す

萬國公法　列國交際の條規を辨明す國法の如きは一國の主權に從ひ其典章制度に基きて之を定め遵奉せさる者は審院にて之を裁斷す萬國公法

は然る能はす各國の公師論辯する所を彙集して龜鑑と爲す乖戻する者ある時は天下之を審判するの主權ある事なし唯列國の共怨公怒を招くのみ故に四海唯此法あり小國賴て以て保存するを得大國敢て暴威凌虐を恣にするを得す

利用厚生學　世の公益共福を論し富を生し富を增し富を費すの理を論辯し財貨を生殖する資本營業の理を詳にす

施政學　制度典章既に備ると雖とも施行の良否に隨て汚隆を爲す故に其方術の利害得失を辨明す

國勢學　現時國土の廣袤生民の多寡海陸の兵數製作の勤惰貿易の隆替田產の豐嗇等を詳にす卽ち凡そ邦國の公福を增す由來を論列す

格致學　宇宙間萬物の體貌性質作用を知り其然る所以を究め其轉換變象を詳にす

星學　諸天體の距離位置轉進の遲速を知り世界の眞情を察し運動の原を

探り凡そ千變萬化の天象を詳にす

地質學　地球を成せる材料諸種の大巖石を明にし此大岩石より成れる地の形狀年數位置を覈知し洪水地震火山噴發に由て起れる地球の變換を辨す

金石學　地中に聚散せる金石の種品を詳にし其形狀臭色情質及ひ人間に在て何の用に適するやを明にす此學近時多は地質學に聯合す

動物學　禽獸蟲魚の體格作用を比較し其品種の原由造體の異同凡そ萬物の間に在て利なる者害なる者各地方諸品種の配當等の大要を提く

植物學　植物の品種を辨し其器械を知り其存活の常法及ひ變象を明にす又農作藥料製造食餌等人間の需用に就て植物を論するは此學の分派なり

化學　諸物相觸れて生する千種の變象を知り諸元素を分離し或は聚合し新物を生す製造鑄造藥物保生術耕種皆此學に賴る

重學　數學中の最要の一技にして運動均稱發動力及ひ機器を辨論す
數學　點線面積弧三角微分積分等數理を綜へて算測を精しく諸學の根基を開き百藝の妙用を極む
器械學　重學に攝す
度量學　數學に攝す
築造學　宮殿家室を結構し墻壁堤防を築造し道路橋梁を經營し其堅固脆弱久耐頓破は造法の良否に隨ふ其理を講し其術を明にす
性理學　人性本然の理及ひ其作用を詳にし人間の實理を覈明し人道の當務即ち吾人分内の事善を爲し惡を避くる規則を詳にす
以上
○地方官開國の日途は勸導教育保護の三つに在り之を要すれは安民の一つにて宜しく文明開北に進歩をするを要とす
右前に有之右府公ゟ呈書ケ條の一にして要領脱する故此に記す」

追々建言草案反古中に有之撰て之を記し置事如左

己巳正月西京に於て三條輔相公へ差出之寫尤御下問に付

一御基礎之事

王政御一新以來天下平定に似ると雖共乍恐　聖業十分之御實効一朝一夕之能擧る所に非す即今草創守成之御事務一時相湊ひ實以御一大事之形勢に付萬機匆卒に不被爲渉樣篤度前後緩急御熟慮之上御施行被爲在度奉存候又諸官府藩縣に於ては一本萬枝之御政體に基き各自其本末を知り私權を不振銘々其職を盡し協心戮力以て其御基本を輔助し奉り追年一定不拔之御制度被爲建尾大之患なきを要し漸次政敎洽布し天下萬民御政府を尊信し更に毫末之疑惑を不抱一令發すれは欣然として遵奉する樣立至るを以て御基礎相立之目的とす

附り御基礎立不立は其人にあり當時宮公卿諸侯を始め草莽之者迄人材御登庸ありと雖共間々同志と歟朋友と歟或は舊來交誼等種々之手筋を引

き又は建言を以て御任用を蒙る等自ら選任之道を被爲失候儀も可有之哉乍恐土地兵馬之權
御掌握被爲在候共御輔翼其人に非る時は萬一御盛業を奉補翼候儀無覺束而已ならす遂には永祿元龜之覆轍をいたし候も難計に付人材御選擢之道最公正に被爲在著實に勉勵仕候樣有之度事
一御一新之事
萬機御改革之時に當ては御英斷を以て速に可被行件々御政府之深算遠慮に在て豫め期限を定め漸次に可被行件々兩道有之其成効は同しと雖其處置之緩急に依り人心之向背を殊にし終に其事之成否に關係するものあり勿論徒に人心之向背を慮り物議之異同を窺ひ時と推移して以て御基礎を被爲立度との譯柄には無之要するに於御政府前後緩急を御審斷被爲在事務沈滯朝令夕變等之患無之樣御熟議有之度假令は方今西洋諸州之文明開化なるを見聞し數百年來事態之沿革を熟察せすして

皇國御一新之際に乘し容易模傚等之儀如何可有之哉素より文明日新之御政教は御急務に御座候得共專ら御國體を存し彼之長を取我之短を補ひ候樣有之度總而事を論するは易く事を擧るは難き儀に付御國體を知り御國力を測り著實に御施行一事々々御擧行漸次盛大永續に至る樣御注意被爲在事

一皇居之事
乍恐只今之
御所にては御規模狹少隨而太政官も御假設にていつとなく御規則も不相立不得止に寄假に營造等無益之御費用不少就而は當今外國御交際之時內外御駈引御便利之地被爲選速に
皇居并太政官御造營可被爲在儀と奉存候尤輿論衆議被爲盡候上東京に
御決定相成候はゝ行懸り
行在所に御唱を以て御政府之御基本相立を主一に被爲成遷都之御發令

は暫く御見合置被爲在追年一視同仁之御撫恤被爲行渉萬民其所を得候上彌遷都之御發令被爲在度尤京都は千有餘年之　帝城　御宗廟之地なれは萬世之後まても別而御大切に被爲在度事

一外國對立之事

對立之基は富國强兵のみ富國は則ち地力を盡し物産を興し百工便宜の器械を發明し以て人力を省き近小之利を注目せすして遠大之益を興し小成を安せすしㇸ大成を期し毎事著實に施行するにあり强兵は兵學を興隆し軍艦銃砲器械彈藥を精造し天下之兵制を一定して海陸二軍之規則を嚴整し以て將卒を簡するにあり且又軍國之政體に基き文武二官之服制を分ち武官及兵卒は常に軍服を着し其餘は平服禮服二種に限り諸種虛禮之服一切廢止相成務て冗費を省き國本を培養し兵力を强盛する樣有之度卽今人情目下之平定を以て偸安之念頗る生す又從前太平之弊習に復し外國燒眉之急あるを不知樣立至候ㇸは不相濟事に付自今益々

軍政を御作興被爲在追年彼の爲に不被致樣之御國是屹度被爲立度事」

己巳五月於東京御下問に付三條輔相公ゟ建言寫

誠惶誠恐謹按するに往昔

神聖武を以て國を建玉ひ兵馬の權常に

朝廷に在て武威日に輝き國政月に盛なり其衰るに當てや其權所謂武門に落ち土地人民の權又之に隨ふ封建の勢ひ漸次强大となり諸侯各土地人民を私有する事今に數百年其弊たるや不尠固より眞の封建に非れは

王政御一新大義名分明なる時に當ては更に之を

朝廷に歸し奉る理の當然たるへし

朝廷尙且つ政令一途ならさるを憂ひ夫をして一途ならしむるは郡縣に若はなしと去冬來郡縣論盛に起る卽今天下相疑惑し人心恟々たる所以なり所謂議論世界好事者の說に出てゝ可言不可行所の者あらんか依て愚考する所は今の封建たる形を大に變革し省の郡縣の制と爲す未た其

可なる事を知らす　王政の一途なるとならさるとは封建郡縣の制に依るに非すして唯政府に於て任用其人を得させられ確乎不拔の政一途に出るに在り抑版籍返上の事よりして之を推すときは則ち土地人民の權既に
朝廷に歸す之を封建に爲んと欲は封建之を郡縣に爲んと欲は郡縣唯
朝廷の決する所に在りと雖とも實に至易の事件とす自今
朝廷權力の存否と御基礎の立否とに關係すへし
朝廷既に之を收めて常に其大權を失わは生殺與奪唯理の存する所に随て斷然之を施す上其大義を明にして之を與ふれは下必す名分を知て之を受く則ち眞の封建の制一度定て兵制税法刑典其他凡百の政法禁令等悉く適宜の所を以て之を天下に施行す府藩縣の異有と雖とも均しく遵法すへし不一途の患ひ有と無は唯
朝廷權力の存否に在るのみ何そ封建郡縣の制に依る可んや其裁斷する

所大要如左

一官武一途たる御旨趣に基き諸侯の稱を止め一統貴族とするか又は公卿大夫士の爵に相當なる稱に改むへし

一知藩事の任職あるへし

但從前の通にして更に名を改むへし尤も他官に選擢のときは一族又は重臣等を選ひ准知藩事として委任すへし

一知藩事の奉職規則を渡し可執の權可守の律を定むへし

一藩事と家事とを區別する如く其所費を別ち置へし追て其仕法錄を出さしむへし

但從前の内檢を打出し更に石高を定むへし

一貢獻の制を立以て軍費及ひ救荒等非常の備とすへし

一分頒を本地に集むへし

但神社寺院大夫士等の所領悉く上地最寄府縣より藏米取とする等郡

村管轄を割替るの事は總て此の機會を失ふへからす」

庚午九月於大藏省出納大略

一ヶ年金穀出高

一金千二百兩		神祇官
一同千二百兩		太政官
一同六萬貳千貳拾六兩		民部省
一同五拾六萬九千二百九拾兩	米貳百石	大藏省
一金七拾貳萬兩	米九千七百貳拾石	兵部省
一金七萬八千八拾四兩	米三千三百七石	同徵兵
一金三萬千五百四十三兩	米千二百九石	同東下兵隊
一金七萬四千九拾兩	米六千五百七拾五石	同降伏人
一金八千四百七兩	米貳百貳拾貳石	同游軍隊

一金一萬貳千八百石　同隊賜金
一同拾萬四千拾八兩　米六百七拾貳石　獻艦入費
一金貳拾九萬六千三百兩　大坂造兵幷兵學寮
一同貳萬四千百兩　賞典賜
一同一萬七千六拾四兩　米千三百九拾三石　刑部省
一金三拾六萬兩　米一萬八千石　宮內省
一金三萬兩　外務省
一同五千兩　彈正臺
一同百貳拾兩　集議院
一金七萬三千八百兩洋銀三萬貳百四十弗　米三千二百四拾石　大學
一金三萬兩　按察府
一同拾三萬兩　米九千石　北海道開拓使

一金貳拾萬兩　米一萬石　同巳秋初發定額
一金拾七萬兩　同初發一時渡
一同一萬三千六百兩　同貳萬兩　外務省より出張に付同斷
一同八萬五千六百兩　同臨時
一金拾貳萬兩　米五千石　樺太開拓
一金一萬千貳百八拾五兩　米五百石　虹橋丸難船
一金八萬九千八百拾三兩　米貳千七百三拾三石　東京府
一金貳拾七萬三千六百兩　米七千七百七拾六石　京都府
一金貳拾一萬七千貳百兩　米四千九百三拾貳石　大坂府
一金百九拾九萬貳千貳百三拾兩　官祿
一同拾六萬六千貳百貳兩　旅費
一同五拾六萬七千六百拾三兩　堤防營繕
一同八萬四千四百貳拾九兩　用度

一同一萬七千百八拾貳兩　上水
一同三拾萬八千八百九拾五兩　燈明臺
一同貳拾九萬四千八百兩　製鐵所
一同七萬四千五百八拾貳兩　鐵道
一同拾四萬六千百六拾兩　月手當幷學費
一同一萬七千三百兩　館藩賜
一同貳萬四千百八拾六兩　觸頭二季賜
一同八萬九千拾八兩　元堂上二季賜
一同三拾七萬貳百六拾五兩　舊旗下家來
一同拾三萬六千三百五拾兩　局外中立海陸軍費
一同拾九萬七千百四拾三兩　米三萬百六拾一石
一籾八百貳拾七石　府縣救民
一錢貳拾五貫文　拜借被下

一金三拾七萬三千二百九拾五兩　米四萬五千石　兵食幷人馬賃斗南藩被下
一金六萬兩　居切村堀割
一同三萬兩　信濃川堀割
一米九千三百石　七藩轉封
一同貳拾貳萬七千石　賞典
一同拾一萬八百貳石　元辨官附幷支配
一同三萬八千七百三拾七石　府縣所屬朝臣
一同四萬三千八百三拾貳石　元堂上增祿
一同千貳百五拾石　招魂社
一米五千石　十津川鄕士
一同八千六百八拾三石　鶴田藩渡
一同一萬千百九拾三石　豐津藩同
一同九千貳百八拾石　兩京救民足し

一洋銀五拾萬弗　外國債濟
一金拾七萬千百五拾両　東京同斷
一同百拾五萬八百貳拾貳両　西京同斷
一同拾四萬九千三百七拾五両　同　利息
一同六萬千八百両　度會縣債濟
一同八千三拾四両　同　利息
一同六拾貳萬貳千七百六拾両　大津縣債濟
一同三萬貳千百六拾九両　同　利息
一同六拾萬両　外國債利
一米三千三百貳拾七石
一金貳拾萬九千九百貳拾六両　若松降伏人高田渡
一米千二百三拾三石　長岡藩渡
第一　金千貳百三拾一萬六千百八拾五両貳分

一〆　米六拾貳萬九千六百九拾六石五斗

外凡積

金百萬両　各縣入費

米五萬石　老養幷徒刑扶持

金五拾萬両　造幣寮

同八萬四千両　外國人雇

同百萬両　惡金引換

同拾貳萬両　勅祭

同拾萬両　外國交接

同拾萬両　土地測量

第二〆　金貳百九拾萬四千両

米五萬石

外

第三　金七百五拾萬兩　楮幣引換

一米百五拾一萬貳千五百三拾八石　爲金千五百拾貳萬五千三百八拾兩

巳年分租稅納高

第一に差引金三百四拾八萬七千七百七拾兩貳分　不足
第二に差引同六百八拾九萬千七百七拾兩貳分　不足
第三に差引同千四百三拾九萬千七百七拾兩貳分　不足

十月十日着淸國出張柳原外務權大丞花房外務少丞鄭文書權正等より九月十九日天津より外務省ゝ來翰之寫拔書

先便以一簡情狀申上候後去七日二品總理各國事務兼署三口通商大臣成林役邸ゝ參り談判仕候處同人申聞候には今般天津ゝ御到着之儀先日上海道臺塗宗瀛より申來候に付早速北京總理各國衙門大臣へ取計方相窺

候處是迄秦西各國と條約致候には先つ天津にて約定致候事成例に有之就而は本人には現在總理各國事務大臣にて恭親王名代として出張致居候條諸事件承り申へく相答候に付是迄之成例に有之候得は强て不申張候得共何分本省卿大輔之書翰等は總理各國事務大臣の第一長官なる恭親王に見へ直に差出度申込候處成林申候には左候得は猶北京表王大臣恭親王なり江相窺返答可致旨に有之其日は相濟其後十一日に到り成林より恭親王始大臣連名返翰到着致候處元より大日本國之儀は相距る一海にして禮義之邦柄通信之儀深く冀望致し候條萬事成林に於て條約之内議は評定可致殊更時既己に九秋に相成り彼是致し候内天津河氷凍致候而は不都合に付夫迄に條約談判相遂け大日本官員之來意を遂しめ速に成功歸朝之手筈に爲相運以て和誼を敦くするを大旨趣と可致併なから北京に入候儀は敢而恭親王自主且薄待致し候譯には無之候得共是迄泰西各國條約之例皆天津にて相濟候後入京候事成軌に有之元より大日本國

は隣交舊誼と申外國之比には無之候得共是迄之舊例を破り日本計りに親昵いたし候樣相成候而は他外國之議論を可受申候條此段保重淳々申陳し相斷候樣返答參り候趣にて即別紙兩度北京總理衙門より之來函を錄し相見せ候右之儀は是迄之舊軌尤之次第何分條約內談を大本と致し候故領承仕置其後當今一同寓致居候旗昌洋行亭主三品銜劉森滋樹ニ今般條約內議掛り通商大臣成林より相命し別而日々接近都合宜敷十二日に至り右劉森へ卿大輔より總理衙門ニ之御書簡相托し成林ニ差出同人より北京各國事務大臣へ差立相賴候處慥に落收仕り尙又昨十六日
皇國淸國條約艸稿出來之上劉森ニ托し成林ニ差出置申候尙成林熟覽之上較論仕其後恭親王始へ竄定候後前光權大丞實名等と右通商大臣成林と調印此後欽差大使差來之日日本條約に取掛候地位といたし尙御國在留支那人處置且御國人支那に居候者處置等も談し百事遺算なく相整候上後十月初旬より天津河氷凍致し候事故必定右期迄に成功引揚歸朝之心得

に御座候意外に都合能相運眞に
皇國之大幸兼而御心痛之件々も御氷解有之度存候
一清國有名之宰相武英殿大學士兩江總督曾國藩太子太保協辨大學士直隷提督李鴻章其他道臺知府知縣等にも面會談話いたし候處何も
皇國を禮義之邦とし宇内今日之勢に際し和漢通交するは最も欲する所と深く一同喜悦仕居候

清國大臣連名書簡の名

恭親王
寶　鋆
董　恂
沈桂芬
毛昶熙
崇　綸

右其他略之

「九月廿八日山口藩ゟ愚論差越如左

第一建國之體裁は天下の權力總て之を太政官に統理し諸官省及ひ府藩縣共則ち政府の手足たるを知て各自胸襟を開き戮力合和して一致の政體を賛成し早く開國の政績相顯るへきに專ら注意すへきを要す

第二宇内の大勢に着目し彌以眞成郡縣を大目的とし務て封建の舊習を脫却し百事有名無實に不涉樣常に心掛へき事

第三從前士農工商の位置大に差等あり宜しく貴賤の分界を平均し四民同一素餐なく徒勞なく自主自由の權を得て知識を盡し力食なさしむへし

但士は世祿尊大放逸を督責し削祿の制を立へし

又所謂武士道と號し無理に死を潔くし威權を以て外三民を愚弄する等の弊害を禁すへし

第四各藩も一の地方官たるを知て今般被　仰出の藩制に基き一切舊例に

不係断然従前の官制を省略すへし舊幕中大諸侯は矢張各自小天地を成し随て用度官員等も尠からす今や大政帰一則ち其手足たるを知て其職務を要せは管内の人民をして教育と保護との二つに止り其職務に缺さるたけに宜しく減少すへし

第五牧民の目的は農工商をして各知識を盡さしめ其職業を勸め以て地力を興し百工を開き財路を通せしめ自主自由天理當然の權を失わさらしむるに在り此則人知を開く所以にして教育の基なり總て從前の如く三民を愚にし紲御するの方法を改むへし

但新に物産を起すは養蠶茶製等を專とすへし

右五條の綱領に基き節目改正の方略に至ては英斷を以て速に行るへきと漸次行るへくと其廳要路の方寸に在りて其所置緩急宜きを得るにあり頑固の人民をして文明開化に進歩せしむるは在官の者務て漸次勸導するを主一とす又藩廳樞要の者心得居へき件々如左

一皇國七十有餘州にして府藩縣三治三百數十の廳あり其事務の煩と其用途の費實に少とせす漸次之を六十乃至七十の府に纒め一治の體裁に落著すへき事

一世襲の知事たる固態を解き隨て大少參事等總て天下同一人選赴任の體裁に基き彌以藩事と家事と判然とし公明に所置すへき事

一追年世祿の制廢止すへくに付藩廳有餘の金穀を以て先つ士族卒等少扶持の者より農工商の業に基くへき資給法を立早く安著なさしむる樣懇切に世話すへき事

以上

○彼得羅第一世の作爲せし條目如左魯西亞政府秘書なり

第一　戰爭の備常に十分にして何時にても其用を不可欠事肝要にて會計上の大困難あるに非れは兵員を增加し襲伐の機を窺へし總して其政攻擊を以て交和の基とし交和を以て攻擊を助け彼是相寄て國土を遠く大

に開くへし

第二　手を盡して洋州諸國の文明なる敎にて其治又は亂に委く秀拔の材ある人を招待すへし是我國にて緊要中第一事件にしてグリーキ洲の洋洲諸國の手に落し例なり然は今日の洋洲諸國をして古のグリーキ洲となし我自ら今日の洋洲諸國の地位に至る事我の目的なり

第三　宜く注目して洋洲諸國の擾亂を待へし其中にてもジャーマン洲は我の接隣なれは是か爲めに尤も機を見て立の妙肝要なり

第四　ポーランド洲は我必要とする地なれは手數を盡して其國内の紛擾且彼等をして互に嫉妬を保しめ其政府に賄賂し其人民を愛憐し其國王撰擧の日全く我に權を收むへし且其內に別に一の我徒黨を得是を援るを名として我兵を送り巧みを盡して我兵隊の滯陣に長きを得へし若しよく其滯陣中數年を過る事を得は必然其間に事出來して我其土地の紛裂中の一を得へし又此間に隣國より兵を送り地を求むるの害不可辭故に其節に當

りては其求に應して彼をして土地を得せしめ我と兵を結はさらしむる事肝要なり既に己に如此其土地を他に附與せし後我に十分事調ふを待て再度是を我に得る事難に非す

第五　我より竊にスイデンの國土を擾亂すへし然して彼をして不得止兵を以我を襲はしめ其襲來の名を條目として其土地を奪ふへし又常に彼國をしてテヂマルカ洲と恨を解かさらしめ我此間に立て欲する所を得へし

第六　上下共に其婚姻を結ふにジャーマン洲と共にすへし是事なき日に當り兩國の交和を厚くし攻擊に臨て我欲する所を得るに大輔あり

第七　英國と尤交易の交りを深くすへし彼國は世界中にて航海の技に長せり是卽ち我の大急務とする所也我に富める材木諸物を以て彼に與へて彼の金銀を我に收むへし且我の航海者又は諸の船乘諸人をして彼の運用者と交りを結はしむへし

第八　北はバルチク南はブラッキの兩海境の念心を盡して其土地廣大を

得へし
第九我の大要トルコ、メーンドの兩洲を得るにあり若一人の是を能くする者あらは其世界主たる事疑なし故に我能此心を保ち一度はトルコと不和を釀し又或時はペルシヤと兵を結ふべし又バルチクとブラツキの兩海に能く港を造營して其海軍を作興すへし又能く幸にして速にペルシヤを討滅し得は直にペルシヤ海に大に我の海軍を開くへし此事已にならは往古の例に習ひて我商人をしてシリア洲の地を越インド國の交易を得今日英國に收むる所の金銀をして以來悉皆ロシヤ洲に運入すへし
第十我宜敷表にオーステンレーキ洲と懇交を結ひ彼をして土地をジヤーマンに開くの意を興重ならしめ能彼の兩國をして深く恨を結ひ自然我の援兵を乞はしむへし是我兩洲の間に覇業を成すの術なり
第十一オーステンレーキをしてトルコを討滅せしめ止を得ずんば彼をして暫くの間其地を保たしむへし後必洋洲諸國の嫉妬を得兵を結ふ事あら

ん我此ときに應して大軍を以て其地を奪略するは猶大石と鶏卵との談の如し

第十二グリーキ宗門の徒今洋洲に散亂し歸する所を知らさる者多し我宜しく彼等を愛護して干戈の間に其宗門天神の威名を借るへし

第十三我既にトルコ、ペルシャ、スイテン、ポーランドの四洲を强從し南北二海の軍艦足りて後密にフランス、オーステンレーキの二洲へ我と共に世界を討伐する事を計るへし若兩洲の中一先我に應せは洋洲諸國卽我の有なり或は名を以てし或は勢を以てし我能洋洲を壓倒する事言を待者あらん

第十四若前の二洲我議に與せすんは宜く彼の國をして相攻伐する事を釀成すへし然して其互に戰守自久の內兵減し富盡き人其難に苦しむの日我の待儲けたる陸軍を以て其中を衝き海軍其境に廻り兩軍相依り彼を討滅せん

第十五既に海軍バルチク、メデタレニアの兩海掃除せは洋洲誰あつて我に

當る者あらん
右議者曰く魯西亞の政體今日に至る迄大に此十五ヶ條を保つ者の如し近比又トルキスタン洲を討伐して其國王の世子ピートルスバーグに往て人質と成んとす是卽ペルシヤへ襲來するの基ならんとす若能此事を大成せは其ペルシヤ海に軍艦を興作する事疑なし左すれは英領のインド洲も長は保ち難からん世界諸國も亦其餘鋒を受けん如何となれはロシアの今日兵權の伸さるは一千八百五十六年シヤバストホルの條約の後國內大疲弊の上ブラツキ海の軍艦纔十艘に限り其上器械彈藥藏を彼の地に禁せられし故なるか今若ペルシヤ海に軍艦を儲くる事を得は其艦數は己の好に在り又大に其會計の費弊も回復せりと
○支那使ブリンガメ」氏か北獨乙外務ミニストル「ビスマルク」氏に投せし書
昨今の三殿下拙大に寵榮を蒙り且つ拜眉を時として巡使伺候の意趣を啓せり抑支那政府の願は啻に新條約を結ひ或は舊條約を循《マヽ》むるの謂に非す

○舊條約を循《マヽ》め和買の緊件を問は北京府現に歐洲の使節の枉駕するあり必す萬里の波濤を踏す互市貿易に至ては事已に足れり雖然從來の條約は總て脅迫と强從に基きしより兩國の交際今尙容易ならす○外國の脅迫自國の無禮其際正非判然たるへし而して今更に之を問はす雖然支那は萬歲の帝國歐米各國に並ひ立へし士民も亦宿姦の徒に屬せす而して固陋因循の弊あり外客の民を訪は須らく比隣の兄弟に準視し勉て文明の境壤に敎導せん事を巡使の懇願全國の希望に出つ○凡互市は前條の眼目に基き正廉なるときは交際の下主客の利潤少からさるに此際異說紛然たり某客頻に偏頗論を維持し一敗後の條約必す支那の誠意に出す戍艦海濱を離れは盟約隨て緩み患害謀る可らす脅迫愈嚴肅なるへきを出張す英國を斥す而して國論は之に反し一朝の暴威必す百年の和睦を循《マヽ》す威服の民情豈早晩の復讎を期せんや主客信義を失せは利潤交り少し且つ脅迫は主として萬國公同の法に戾り隨て帝政を蔑視するなり夫れ支那は域壤殊に廣く北京府の

政體普く十八省に貫流せす諸府の奉行等隨て帝政を體認せさるのみならす動もすれは外客の啗利に應し却て不軌を謀るに至れり自他云々萬國の公道なる可けんや所謂公法は人倫の龜鑑なり大小强弱に關し偏重の所置なかるへからさる事を條陳す○外客の放縱内臣の非望何れか直何れか曲齊く衙吏の裁決を煩はさゝるなり然とも寡君の命を奉し普く歐米各國に使聘する者は改めて兩際の政體を認め新に人倫の大道に基き主客の友義萬々歳たる事を願ふなり已に各國を訪ひ新に條約を結へり此に其大略を述ふへし○米の合衆國に聘納せしに親しく大統領の高義に接し弊國全領を局し誓て倨傲脅迫を加へす却て「カリホルニヤ」サンフランシスコ府滯在の支那人に至ては國民同等の保護を加ゆへし云々を約せり實に望外の厚誼も亦弊國の榮なり○クランド氏英國當路の者の答書英國政府の決議として更に兩國の友義を和し弊國出張の英國大商長々々及兵士等誓て暴威を張る可らす羈種侵奪に至ては廟議の存せさる事を約せり○佛宮候牆の日は帝の待遇を蒙

り及ひ數條の助言あり尋て階辭に臨み諸執政より懇諭せり現に服膺せさる三箇の奎翰は「和蘭」デ子マルカ」及「シニウーデン」王の親く支那帝に投する者にして條約總て公平に基き云々の忠告以て支那の長城に當つへし〇當府解鞋の後己唯々正殿の拜ならす親く深殿に於て大王及ひ女王御の饗宴に陪せり過度の寵遇使聘の榮何者か之に過ん拜謝當るに言なし報知本國に達は感喜獨り寡君に留らす闔國の士民遠く大王及女王御の萬々歳を祝すへし〇前途謀るへきに非す聊か見る所あつて啓すへし現に優恤せる歐米各國の德念は政府必す服膺すへし且畏服の國民今日外客の酷虐を免れ駸然文明の境壤に馳せり前二年千八百六十八年政府更に英國と新條約を結ひ嚴に交際の公義を制す但し互市は萬國の通利必す甲乙兩國の私する所に非れは自他各國亦次て盟場に連署し「ルドホルト、ヱルカック」氏英國ゟ支那へ出張せる全權公使の說諭を聽裁し會議甚た公平に決せり尋て決議の條目あり

〇第一トラレシ稅一國を通り品物を遠國に輸するときの稅の減數

○第二二府の開港
○第三石炭の開坑
○第四入津税の減殺
○第五黄河揚子江及ひ諸湖水の繋舶
○第六外客全國の通旅及ひ其地々々にて旬餘の僑居
六條の約束は更に久要の好誼を循め外客の悪猜及ひ装誣を絶ち聊か各國の厚庇を報するに當つへし交際の方法主客公平を守らは和睦豈萬々歳を期せさらんや從來英國の悪猜却て交際の進歩を妨けり而して大統領の厚誼に依り國政愈獨立を維持し「クロレントン」氏英斷を以て高視濶歩の英人を鎮壓し「ヨハレ」府其他の英卒隨て自己の暴威を退けり而して前條の約束始て公行するに至る○昨日云々の拜啓改て再啓を要せす今唯々支那の名を以て老閣下眷顧の德恩を拜謝す而して前條の詞訟閣下親く判決を煩はし一封尊答を賜はゝ併て諸王の奎翰に束ね以て寡君に報せん云々不盡

「ビスマルク」氏より答書

恭く尊書に接し更に詳悉を得たり急に拙翰を作り恐懼回話を布ん抑多種の艱難に關係し萬里枉駕の天使始て塵寰の西域に下り云々大功の話柄も亦已に政家の定奪以て支那の「チビリサチヨン」民俗文化の義を見るに足れり獨天下拙の嬉ひならす全國一箇の新知已を增せり希望くは以往交際の間百事萬國の公法に基き主客偏頗の私を顧み兩際の志願必各自の正的を射るへし〇寡君へ待遇の致謝として閣下及ひ夥計斯く懇切の情義を表せり以て兩國の友愛を徵するに足れり弊邑の士民必貴國の難艱を傍觀せす兄弟牆内に諍鬪するも外却て其侮を防く事あるへし〇兩際語意相投し且北獨乙國の統領則ち寡君孛漏生王の素志に戻らす云々政岐の契約必す盟場の言を食せす永々從前すへし但し此際切に貴國政府の進歩を要せさる可らす卽ち獨逸國の利益も亦鮮からす而して支那に在ては至大の急務なり指して之を啓せは中點政政事帝王の獨斷に出て全國大小の公裁總て主府の公衙に決する者なり誰か中點政を維持するときは國民未た文明の境に入らす

列して其國を擧は皇國支那佛國等是なり佛主人望を失なひ民情穩ならすの所以なり專權十八省の維持國民の歸服隣境の畏服是なり事物位置に附き守備嚴肅なるときは中點政と雖とも歸服の國民を御し且貿易に依て貴國滯在の獨乙人を保護するに足へし隨て條約交際の進歩を疾め外客の猖獗も鎭壓すへし希望くは當路の各臺必す内外の患害に阻ます精神以て正義を唱へ宜く天地の公道に則り賜ふへし而して國家維持は從來富强に在り内農商の課業を進め産物隨て外輸せは事亦難に非す且條約已に成れり往來主客の意に任すへし有無交易長短補切せは貴國の進歩前途想ふへし但し全國輿論を一致し交際の下外客の高義に信任し妄に疑惑を挾む勿れ蓋し皇帝の使節を賜ふ尊慮豈此正的を出んや○云々の約束に基き貴國艱難の際に迫らは固り加功の勞を憚からすのみならす全權挽回の件に至ても渺々山海の隔を以て必す援路を絶さるへし現に某國の脅迫は一々有餘の威勇を張り天地の公道世界の輿論に戻れり有無を交易し長短を補切し及强禦を懼れす貧窮を優恤する等眞に歐地の國

論なり云々
以上
○新貨幣
銅一厘以十枚換一錢　同半錢以二百枚換一圓　同一錢以百枚換一圓　銀五錢　同十錢
同二十錢　同五十錢　同一圓　金貳圓半　同五圓　同十圓
以上
造幣寮取建入費金四拾四萬六千四拾五兩余
拂出
同貳拾萬兩　惣仕上け迄見込
以上
○全國測量
本地四國九州其外諸島
一合積一萬八千百貳拾貳坪

右の内には深山幽谷等測量に不及場所も有之旁一日平均貳坪宛測量と見積日數凡九千〇六十一日但一ヶ年三百六十日の内三分一は凡雨休日等を引殘り三分二則貳百四十日測量として年數凡三十七年と百八十一日可相掛尤測量掛り一組にての見込十組になせは凡三年七分と十八日餘に相當り先つ四ヶ年と見積り大概全國測量成功可相成乎

右入用高測量器其外代金八千貳百兩一歩永九十二文

十組測量掛官祿旅費其外四ヶ年分同十五萬千二百十五兩二歩永二百四十四文

雇人足賃四ヶ年分同貳萬四千兩

外に　同四千兩　除備

但一ヶ年千兩宛の積

測器損手入其外凡見込四ヶ年分同一萬兩

惣〆四ヶ年分合金拾九萬七千四百十八兩永八十六文

以上

○大教要旨

一敬神

一尊王

右大教之綱而萬世之標準也教育者必以是學者亦必以是其目如左

一天祖神者 天神皇祖其德一故擧天祖以概之 天地之主宰照臨在上終古不易而萬物之所由生成也人者萬物之靈其所以報本反始者豈可忽乎

一神魂者神明之所賦與死則復歸其本 其所出者天故歸于天 所以死生不惑一賴神明也

一事神之道至誠爲本至誠盡其道斯神享之善惡之應幽明匪誣唯至誠可以感神之德大矣哉

右敬神之目

一尊王之道在辨國體夫

皇統無窮上下分則是寶祚之所以長久國體之所以尊嚴也可不崇哉

一君臣之義父子之親夫婦之別昆弟之序朋友之信五者彝倫也爲上而不驕爲下而不犯忠信質慤事一人是謂維神之道明其彝倫竭其職分所以尊王也

右尊王之目

謹按日本書記

天照大神手持寶鏡授天忍穂耳尊曰吾兒視此寶鏡猶視吾富與同牀共殿以爲齊鏡又勅

皇孫曰夫豊葦原千五百秋之瑞穂國是吾子孫可以王之地也爾皇孫就而治焉行矣寶祚之隆當與天壤無窮者矣至哉神訓莫以尚焉夫祭世一致邦家之常典綱紀修于上而治化施于下名分確定神州之美俗國體嚴于内而威武揚于外大教之要旨若此而已矣故今擧二綱五目示之欲使天下萬姓知所適從而明其彝倫竭其職分以報天神之洪德也可不勉乎

○新貨幣量目弁性合之表

本位　一チンスは則四百八十ケレイン　凡我廿八匁三分に當る

一圓（四百十六ケレインローイ七匁一分九り六毛）　（銀九銅一経一インチ半

低位

銀錢

五拾錢 二百八十ケレイン三匁五分九り六毛　銀八銅二経一インチ二分五り

同 二拾錢（八十三ケレイン一匁四分三り八毛六　（銀八銅二経十六分の十五

同 十錢（四十一ケレイン六七分一り九毛　（銀八銅二経十六分の一

同 五錢（二十〇八三分三り九六二

同上

低位

金錢

拾圓（二百四十八ケレイン四匁二分八り八毛　（金九銅一経一インチ二分五り

五圓（百二十四ケレイン二匁一分四り四毛　（金九銅一経十六分の十五

二圓半 六十二ケレイン一匁七り二毛　金九銅一経十六分の十三

同上

銅錢

一錢（百十ケレイントローイ 一匁九分二毛）（經一インチ 卅二分の三）

百枚を以一圓に換ふ

半錢（五十ケレイントローイ 九分五り一毛）（經十六分 の十四）

二百枚を以同斷

一厘（十四ケレイントローイ 二分四り二毛）（經十六分 の十）

千枚を以同斷

凡貳分金百兩を以て百圓に比較の割合尤在來貳分金性合種々等差あり

故に定額とならす

一圓（銀六十目 金一兩）

五拾錢（銀三十目 金二歩）

二拾錢（銀十二匁 金三朱と永十二文五分）

廣澤眞臣日記（明治三年十一月）

十　錢（銀六匁
金一朱と永三十七文五分）

五　錢（銀三匁
永五十文）

以上

一圓を以て原位とし之を以て本位の貨幣とす其以下の小貨幣は其百倍に准す即ち五十錢は五十圓に至五錢は五圓に至るへし

一圓即ち原位は通例各種に於て一グレイン半の差あるを要す即ち一圓の量目四百十四グレーン半に下らす又四百十七グレーン半より上らさるを以て正貨とす性合の分量は各種千分の二即千分八百九十八を本とせし貨幣は千分の九百〇二迄に通用するを得へし右の外小銀貨幣はポンドトロイを以て量目を定め各種の差は一ポンドに付二十四グレーンの前後なり性合の差は千分の二分なり

銅貨幣

銅貨三種を製すへし

一百分の一　一五百　一千

銅貨もポンドを以て量目を定め各種一ポンドに付二十四ゲレーン前後の差あり銅錢は性合を堅くなさんか爲め亞鉛相當の高を加へ純粹の銅を以て鑄造する積なれと尙巨細は後日報知すへし

金貨幣

金貨三種を製すへし

一十圓　量目二百四十八「ゲレーントロイ」性合十分の九

一五圓　同百二十四「ゲレーントロイ」

一二圓半同六十二「ゲレーントロイ」

此貨幣目方の差銀の小貨幣に同し性合の差は千分の二金貨は其十倍に至るへし

一十圓は百圓に至り

一五圓は五十圓に至り

一二圓半は二十五圓に至り

以上

右在來銀塊貳萬金幷贋金貳萬兩共引當

以上

庚午十一月詮議

○橫濱運上所諸稅

一辰四月二十日御一新以來同十二月中迄稅銀其外諸御收納

金貳拾六萬六百四拾六兩三分永百七文九分

洋銀三拾三萬九千百四拾壹弗拾八セント

錢六拾壹貫六拾四文

一巳歲一ヶ年分金五拾萬八百六拾壹兩貳步永四拾壹文四分

洋銀貳萬千八百四拾壹弗九セント

一午の正月より十月迄

金四拾五萬四千貳百九兩三歩永四文四分洋銀貳萬貳千八百九拾弗九拾四セント

以上　　　　　　　　　　　　　　　　　　　　　關　　　　內

○同港各國商船高調

一午七月晦日　八拾八艘碇泊

一同八月廿九日　七拾三艘

一同九月晦日　七拾五艘

一同十月廿九日　六拾壹艘

以上

○庚午七月調橫濱關內外戶數人員

一戶數三千八百拾貳戶　人員壹萬八千八百六拾三人

一戶數六千五百六拾壹戶　人員貳萬三千五百八拾四人

關　外

以上

庚午十一月調　○出納并國債等凡調

收納凡積

一米百五拾壹萬石

去巳歳租税高同三拾萬貳千五百石

去巳比較作増二割見込　同拾五萬四千石

元中下大夫上地租税元高凡六十一萬石　同三萬貳千五百三拾五石

雜税

一金八千六百八拾八兩　大坂府取立税

一同拾五萬八千九百八拾五石　東京府取立税

一同千百八兩　伊豆七島税

一同壹萬三千四拾七兩　御拂馬并牛酪

一同貳千八拾六兩　關八州絞油運上
一同四拾貳萬千百五拾三兩　府縣地方に屬する雜税
〆米百九拾九萬九千三拾五石　金六拾萬五千六拾七兩
右當午十月より一ケ年基本之積
外　金五拾八萬八百六拾壹兩餘　洋銀貳萬千八百四拾壹弗
〆金五拾貳萬貳千七百貳兩餘
横濱税
金六萬四千貳拾七兩餘　洋銀千八百三拾五弗
金壹萬八千四百八拾兩餘　洋銀貳百弗
〆金八萬四千五百四拾貳兩餘
金六萬三千九拾九兩餘　兵庫税
同千五百拾貳兩餘　洋銀三拾弗　長崎税
〆金五百四拾貳兩餘　新潟税

開港地税總〆

金六拾七萬千八百八拾五兩餘　此分開港地諸入用引當

金　　　　生糸種紙税

是は當十一月より廢止來未年金なし

同　　　　關八州酒醬油
　　　　　濁酒税

是は酒造其外改革調竄中

右御入用見込に難立分

○第一官省定額

宮内省一ヶ年金三拾六萬兩　米壹萬八千石

外務省同金三萬兩

内　貳萬四千兩　本省
　　六千兩　　　文書司

兵部省同　米三拾萬石

外に諸藩軍資米

北海道開拓同金拾三萬兩　米九千石
樺太同金拾貳萬兩　米五千石
小以　金六拾四萬兩　米三拾三萬貳千石
○第二官省各月平均
神祇官　凡金千貳百兩
太政官　同千貳百兩
集議院　同百貳拾兩
刑部省　同壹萬七千六拾四兩　凡米千三百九拾三石
彈正臺　凡金壹萬兩
大學　七萬八千八百兩
凡洋金四萬八千貳拾元　凡米三千貳百四拾石
内
金九千六百兩　本校

同三萬六千兩　東校

同壹萬八千兩　南校

東京府

凡金八萬九千八百拾三兩　凡米五千七拾六石

内

金七萬貳千兩　府定額

同壹萬四千四百兩　運上所

米貳千三百石　府學校

大坂府

凡金拾六萬八千兩　同米八百四拾石

同金貳千六百兩　府學校

内

金五千貳百兩　洋學校大學管轄

同四千五百五十兩　舍密局同斷
同壹萬三千兩　醫學校同斷
京都府
凡金貳拾七萬三千六百兩　同米三千九拾六石
内
金壹萬三千兩　府學校
同三千九百兩　彈正臺
各縣
凡金百萬兩　同米貳萬五千石
小以凡金百六拾九萬六百三十七兩　米三萬八千六百四十五石
○第三常費定額
賞典　凡米貳拾貳萬七千石
貫屬元中下大夫　同拾萬五千貳百五拾石

同府縣　同三萬八千七百三十七石
元堂上增祿　同四萬三千八百三拾貳石
招魂社　同貳千五百石
十津川鄕士　同五千石
元堂上二季賜　凡八萬八千拾八兩
觸頭二季賜　凡金貳萬四千八拾六兩
小以　金拾壹萬貳千貳百四兩　米四拾貳萬貳千三百十九石
○第四常費各月平均
官祿　凡米貳拾貳萬千三百五十九石
旅費　凡金拾六萬六千二百兩
用度　同八萬四千四百貳拾九兩
堤防營繕　同五拾六萬七千六百拾三石
內

同貳拾五萬三千百八拾兩　　堤防

同三拾一萬四千四百二十兩　　營繕

月手當并學費　同拾四萬六千百六拾兩

上水　同壹萬七千八百八拾貳兩

老養　凡金壹萬五千石

勅祭　凡金拾貳萬兩

外國交際　同拾貳萬兩

造幣寮　同壹萬三千兩

燈明臺　同三拾六萬兩

製鐵所　同三拾六萬兩

傳信機　同貳拾兩成功迄

土地測量　同拾萬兩

小以　金貳百貳拾五萬四千五百八拾四兩　米二拾三萬六千三百五拾九石

○第五臨時定額
館藩渡　金一萬七千三百兩
鶴田藩渡　米八千六百八拾三石
豐津藩渡　同一萬千九拾三石
小以金一萬七千三百兩　米一萬九千七百七十六石
○第六臨時雜
元中下大夫家來　凡金七萬二百六拾五兩
兵食料　同六萬兩
居切村堀割　同四萬兩
斗南藩被下　同五萬兩
　米一萬六千二百石
信濃川堀割　凡金三拾萬兩成功迄
造幣寮分析所營繕　同貳拾萬兩成功迄

楮幣改造　同五拾萬兩
外國債元金六百萬兩利　同六拾萬兩
柏崎縣拜借元長岡藩渡　同拾五萬兩
盛岡縣渡元同藩外國債納　同拾五萬兩
同銅右同斷　同貳萬七千八百七十兩
北海道七重村地代孛國渡　同六萬貳千五百兩
堤防臨時　同五十萬兩
小以金貳百七十一萬六百三十五兩　米壹萬六千貳百石
總締凡金七百四拾貳萬五千三百六拾兩　米百六萬五千貳百九拾九石
外金七百五十萬兩　楮幣引換三ヶ年見込
同
鐵道
同

工部省

右見込未相立分

○又外

外國債一金六百萬兩

内金百五拾萬兩　下關償金　洋銀百萬ポンド　此金四百五十萬兩

英商新約鐵道幷鑛山入費

楮幣製造高一金四千八百萬兩

内

金三拾六萬七千七百七十五兩　巳四月迄上納同八月於西京斷裁

同百九萬四千三百四拾四兩一歩　午十月迄上納

○縣楮幣一金拾九萬八千七拾貳兩余

御一新後一金四拾壹萬四兩壹歩

舊旗下一同貳萬八百三拾六兩三分余

諸藩楮幣一同三千七百四萬七千百三十五兩壹歩余
御一新後一同貳百拾貳萬八千八百七拾貳兩貳分余
諸藩外國債一洋銀百三拾萬四千六百八拾九枚七合九勺九才
一金拾五萬千八百五拾七兩貳分永二百二拾二文三分

○改正出高目的

地方貫屬御所置の上
一米
一金

寺社領同斷
一米
一金

元堂上領同斷
一米
一金

除地取課付の上

一米　　一金
元吉井藩改正の上
一米　　一金
元北條藩同斷
一米　　一金
元長岡藩同斷
一米　　一金
元田安藩同斷
一米　　一金
元一橋藩同斷
一米　　一金
元盛岡藩同斷
一米　　一金

以上

○東京府管下市在地凡三里四方と見据此坪四千三百廿九萬六千四百坪

内

舊武士地　凡千百六十九萬二千五百坪

又内

凡九百三拾五萬四千坪余　現今武家住居の分

凡百四拾貳萬六千二百坪余　開墾桑茶植付

凡九十一萬二千三百坪余　當今上地の分

社寺地　凡二百六十六萬千坪

市中沽券地上納地町屋敷其外共　凡二百六拾一萬七百坪

郡政町地　凡五十四萬六千九百坪余

同田畑地　凡九百五十六萬六千五百坪余

引殘　凡千六百廿一萬八千八百坪　皇城始往來明地川堀

以上

庚午十二月

解題

藤井貞文

一

広沢真臣は、姓は藤原氏、諱は直温、後に真臣《さねおみ》と改む。幼名を季之進。金吾、又は藤右衛門と称し、更に兵助と改めた。号を障岳と曰う。父は山口藩毛利家の世臣で柏村半右衛門安利、母は三浦氏。長兄小三郎は早逝し、次兄の数馬は安致、後に信と改め、家を承ぐ。三兄の正義は出でゝ石川氏を継ぎ、次が真臣である。依て諸書は多く三男と記して居る。天保四年十二月二十九日に萩城下に生れた。同十五年十二月二十八日に同族波多野英蔵直忠の聟養子となり、その女の百合子と婚す。安政六年二月十九日に直忠が病気で隠居したので家督を襲いだ。波多野氏は曾て吉見氏に仕え、その滅亡の後は毛利氏に出仕して騎隊となり、百四石五余を食んだ。広沢家に吉見氏の記録文書を多く所蔵するのは、この故である。

真臣は軀幹が長大で、性は温良、質直。最も文学及び槍術の技に長じた。嘉永六年六月に米艦の来航に際し、初めて江戸に祗役してより専ら藩務に精励し、遂にその枢機に参じた。元治元年の秋、時勢が大いに転換し、為に真臣は藩獄に繫がれたが、翌慶応元年二月に謹慎を解かれ、同四月四日には藩の内命で広沢藤右衛門と改名した。因に廣沢姓は曽て波多野氏の祖が相模国秦野の地に住し、広沢郷を領したに依ると謂う。是より幕吏との接衝に与り、更に討幕の事に当り、終に討幕の勅書を拝戴して帰藩した。

慶応三年十二月、王政復古の大号令が出づるや、藩命を以て上京し、翌明治元年正月には参与・徴士に任じ、翌二年四月には民部官副知事、七月には民部大輔となり、更に参議に任ぜられた。同九月二十六日、賞典録永世千八百石を賜う。その御沙汰書に曰く、

広沢従四位真臣

積年心ヲ皇室ニ尽シ、意ニ大政復古ノ朝ニ参預シ、日夜励精、献替規画、以テ今日ノ丕績ヲ賛ケ候段、叡感不斜、仍賞其勲労、禄千八百石下賜候事、

己巳九月　　太政官

翌三年九月十八日請願して永世広沢姓を称す。然るに同四年正月八日の夜半、三人の刺客が邸中に潜入して真臣を刺し、重傷を被る。療養遂に効なく、年三十九を以て薨じた。朝廷はその不幸を哀れみ、且つ多年の勲功を嘉みし、翌九日を以て正三位を贈り、金幣三千両を下賜せられた。而して官府はその兇賊を探索するも、容易に獲ず。朝廷は軫憂して、翌二月二十五日に詔を発し、之を厳索せしめらる。

故参議広沢真臣ノ変ニ遭ヤ、朕既ニ大臣ヲ保庇スルコト能ハス、又其賊ヲ逃逸ス、抑維新ヨリ以来、大

臣ノ害ニ罹ル者三人ニ及ヘリ、是朕カ不逮ニシテ朝憲ノ立タス、綱紀ノ粛ナラサルノ所致、朕甚タ焉ヲ憾ム、其天下ニ令シ、厳ニ捜索セシメ、賊ヲ必獲ニ期セヨ、

右大臣三条実美は大いに恐惶して「賊徒ヲ逃逸シ、既ニ五旬ニ及ヒ、未タ捕獲ニ不至、恐懼之事ニ候」云々とて、厳密に捜索し、速に之を捕獲して宸襟を安んじ奉るべしと訓令した。併しその賊は終に捕われず、その真相も杳として今日に至るも猶お明かではない。

芝愛宕下の青松寺に葬ったが、後に世田谷区若林の大夫山に改葬した。即ち吉田松陰の墓畔に在る。而して遺髪を山口市吾妻山に埋めて霊社を建てた。明治十二年十二月二十七日に朝廷は生前の勲労を思食し、特旨を以てその子の金次郎を華族に列し、金壱万円を下賜し、同十七年七月には伯爵を授けた。大正十年二月二十四日には従二位を追贈、特に神道碑の下賜あり、之を墓畔に建てた。死して余栄ありと謂うべきであろう。

二

昭和六年十一月に我が史籍協会が公刊した『広沢真臣日記』は、文久三年四月七日より明治四年正月五日、即ち真臣が遭難する三日前に至る間のもので、主として国事に活躍した時期の日記である。表紙には真臣が自ら「日録」、「備忘録」、或は「公用備忘録」と記している。原本は広沢伯爵家に珍蔵であるが、この印刷に用いた台本は、恐らく原本からではなく、維新史料編纂會の謄写本に拠ったかと思われる。匆

論、同会の本は原本から書写したもので、今日は史料編纂所に架蔵せられる。

而して広沢家の原本は、昭和二十六年にその他の文書記録と共に国立国会図書館に譲られ、憲政資料室が管理して整理し、目録を作製して既に之を公開して居る。依て読者の便宜を思い、特に同館の許可を得てその目録を本書の巻末に附して置いた。

猶お真臣の日記の原本は、右の目録にも見える如く、嘉永六年六月十六日より文久三年四月三日に至る部分をも現存するが、曩に本会としては特に真臣が維新の変革に活動した部分のみを抽出したのであって、その他は国会図書館に就いて閲せられん事を望む。又、本書の覆刻に方っては、右の原本に拠って一応の校正を試みたが、象眼等の業が容易でないので、之を正誤表と成して同じく巻末に掲げて置いた。宜しくそれに就いて訂正せられん事を希う。

三

広沢真臣の伝記に就いては、村田峯次郎翁の『参議広沢真臣卿略伝』（大正一〇年刊）と称する小冊子の外、渡辺修二郎・尾佐竹猛等の諸氏の研究があるに過ぎない。依て本書を閲読する便宜の為に、国会図書館の許可を得て同館編纂の略年譜を巻末に附載して置いた。

本書の覆刊に当って国立国会図書館が校正の為に原本の閲覧を許し、本書利用の為に同館編纂の目録及び略年譜の収載を許可された寛容とに感謝の意を表する。

書翰の部

広沢真臣宛書翰

一、秋月種樹書翰

1　明治　三年　五月二七日　招宴礼状　清浦
2　明治　三年一一月二〇日　寺院寮人選　大木喬任
3　明治　三年一二月　三日　寺院禄制取調所管ニツキ意見　大橋慎
4　明治　三年一二月一二日　寺院ノ儀ニツキ来訪依頼　林・長松幹
5　明治　四年　一月　八日　招待応諾

二、青山　貞書翰

1　明治　年　月　五日　（青山小三郎署名）毛利公京府出勤断リノ件承知

三、坊城俊正書翰

1　明治　年　三月二三日　江川某ヨリノ伺書廻送

四、伊達宗城書翰

1　明治　二年一二月一八日　官祿給石代相場早急布告希望　土肥謙蔵・田安慶頼ヨリノ書付披見　賞典発令延引理由問合セ
2　明治　三年（カ）　正月二七日　西本願寺歎願ノ件了承　三田葆光・島両人明後日本省出頭　大隈重信
3　明治　年　月　五日　進退伺中ニツキ不参通知

五、土肥実匡書翰

1　明治　年　六月二七日　（土肥謙蔵署名）輔相公ヨリ内命ノ儀ニテ面会打合セ

六、後藤象二郎書翰

1 慶応 四年 二月二〇日 堺事件取調ニツキ協議 木戸孝允

七、萩野省一書翰

1 慶応 四年 七月二一日 奥羽戦況報告 並ニ増兵要請

八、土倉正彦書翰

1 慶応 四年 五月 五日 (修理亮署名) 徴士・参与免職後ノ進退指示懇請

2 明治 年 二月二四日 (〃) 某件尽力依頼

九、蜂須賀茂韶書翰

1 慶応 四年 五月 四日 租税ノ儀評議ニツキ参朝催促

2 明治 二年 四月二五日 岩村高俊仕官ノ件

3 明治 二年 四月二八日 面会打合セ

4 明治 二年 四月二九日 御用参朝依頼

5 明治 二年 五月 七日 岩代巡察使人事 林栄次郎・成田八九郎・林轍之丞・板垣退助・平松時厚

6 明治 二年 五月 九日 岩代巡察使人事

7 明治 年 四月一一日 面談依頼

8 明治 年 四月二五日 参朝面談依頼

9 明治 年 四月二六日 輔相公ヨリ参朝命令報知

10 明治 年一二月一九日 訪問取止メ詫状

11 明治 年一二月一九日 来宅依頼

一〇、林 厚徳書翰

1 明治 年 一月 二日 府藩知事参集酒宴招待

2 明治 年 一月 七日 昨夕大酔詫言 宮様重病 後刻参上通知

一一、林 太仲書翰

1 年 月 二日 今後ノ辱知ヲ願イ印籠進呈

一二、東伏見嘉彰書翰

1 明治 二年 二月二七日 (兵部卿署名) 病気見舞 要件聞取依頼

2 明治 年 七月 六日 (〃) 時候挨拶礼状

3 明治 年 八月 五日 (〃) 来宅都合問合セ

一三、東久世通禧書翰

1 明治 二年 六月 三日 中下大夫収納目録・領地目録ノ件 江川韮山知県事更任不可 松平慶永

2 明治 二年 六月一一日 北海道赴任離別宴招待 木戸孝允

3 明治 二年 六月二九日 陸奥宗光ヲ兵庫県知事ニ推挙

4 明治 三年 九月二九日 平原平右衛門ニ小樽郡問屋株式申付 岩村定高等開墾ノ件ニテ上京通知

一四、桧 了助書翰

1 年 八月一四日 牧山譲助脱藩事情 同人世話依頼 木戸孝允

一五、平川 某書翰

1 明治 年 二月一八日 贈品礼状

2 年 三月 一日 面会都合問合セ他

一六、平松時厚書翰

1 明治 二年 五月 八日 岩代巡察使任命ノ件ニテ相談申入
2 年 五月三〇日 今夕集会出席承諾
3 年 六月 一日 招宴礼状
4 年 八月一七日 国分五郎ニツキ照会依頼

一七、堀 右京亮書翰

1 年 四月二四日 面会礼状
2 年 四月二六日 礼状
3 年 六月一七日 暑中見舞
4 年 九月 一日 在京家臣交代ノ件

一八、福羽美静書翰

1 明治 年 五月 五日 競馬誘合セ 先日内談ノ件至急評決希望
2 明治 年 五月二二日 楠公祭朝廷ニテ挙行スベク意見

一九、池田慶徳書翰

1 明治 年 月 三日 年賀状

二〇、入江宗紀書翰

1 慶応 四年 三月一七日 広沢真臣・木戸孝允ニ面会依頼 島村志津摩
2 慶応 四年 三月二〇日 面会延期 当藩人数関東援兵ニ繰出ノ件周旋礼状

二一、岩倉具視書翰

1 明治 二年一二月一八日 キリスト教徒処分問題各国公使トノ談判平穏経過ヲ報知
2 明治 三年 一月一八日 前原一誠長州行御沙汰期日取計依頼 (京都)弾正台早急引上ゲ同意

3　明治　年　正月二一日　西納屋願ノコト配慮依頼

4　明治　年　六月一三日　面会依頼

5　明治　年　八月一二日　渋滞事務促進方依頼　三条実美・沢宣嘉

6　明治　年一〇月　八日　パークス公邸懇望ノ件

三二、門脇少造書翰

1　明治　年　月　四日　申越ノ件官長へ上申

三三、柏村数馬書翰

1　明治　三年　三月一六日　干城隊仏式伝習上阪ニツキ士族一統ヨリノ希望　中谷市左衛門・佐田秋輔

2　明治　三年　六月一一日　息子修学世話感謝　長州脱走兵追捕状況報知

3　明治　三年一〇月　四日　普仏戦争感想　長州藩政改革軍備強化ノ件　脱退騒動

4　明治　三年一〇月一七日　藩政改革　官員減少　藩債処分　兵備

5　明治　三年一〇月一九日　息子仏国留学生ニ採用尽力感謝　脱走兵追捕状況報知

6　明治　三年一一月一九日　討薩論　九州諸藩動向　脱走兵動静　岩倉具視・三条実美

7　明治　四年　正月　七日　岩倉具視山口着報知

8　明治　年　七月一八日　杉民治世話依頼　息子修学方針

9　明治　年一一月一九日　河村梅之進へ説諭依頼

三四、柏村庸三書翰

1　明治　三年一〇月　四日　出帆挨拶

三五、加藤源太夫書翰

1　明治　年　三月一一日　国方差留免除斡旋懇請　木梨精一郎

二六、木梨精一郎他書翰

1　慶応　四年　二月二七日　土州今坂某大猪川架橋賞讃　総督府近江湖水舟改ノ件

二七、北小路俊昌書翰

1　明治　二年　七月二七日　伊那県知事拝命ニツキ引受条件申出

二八、古志　某書翰

1　年　四月一六日　すみや会合打合セ　寺内暢三

二九、久我通久書翰

1　明治　三年　七月　二日　徴兵大隊司令ヲ兵部省奏任出仕トスルコトニ異議申立　前原一誠・河村純義
2　明治　三年一二月　三日　辞職願世話礼状　留学抱負
3　明治　三年一二月一三日　洋行ノタメ辞職ニツキ周旋感謝
4　明治　三年一二月一三日　免官洋行許可礼状　三浦
5　明治　三年一二月一五日　辞職官邸返上
6　明治　年一〇月一五日　水野十郎兵部省奏任出仕希望　尽力依頼
7　明治　年一二月　八日　断髪可否伺

三〇、槇村正直書翰

1　明治　年　正月　二日　(井上宗右衛門・槇村半九郎連署)臨時給与金通知
2　明治　年一二月二七日　(槇村半九郎署名)臨時給与金ノ件

三一、万里小路通房書翰

1　明治　年　九月　八日　練兵見学勧誘

三、松田道之書翰

1 明治 年 五月二三日 （松田正人署名）明日広沢元東町奉行所出勤ノ件打合
2 明治 年 八月一七日 （松田正人・青山小三郎連署）褒賞一件取掛報知
3 明治 年 八月二六日 （松田正人署名）馬貝覆拝借願
4 明治 年 九月 七日 （松田正人・青山小三郎連署）仰越ノ趣了承
5 明治 年 月一六日 （松田正人署名）宿酔遅参通知

三、松平慶永書翰

1 明治 二年 五月一五日 雑件連絡
2 明治 二年 五月一八日 病気ニテ操練拝観不参 明日民部官人事相談 津田正臣・中村弘毅・林栄二郎
3 明治 二年 六月 一日 槇村正直ヨリ広沢宛書状回送
4 明治 二年 六月 二日 府県奉職規則・県職制急ギ決定要請 岩倉具視・徳大寺実則・東久世通禧・津田
5 明治 二年 六月 二日 病気不参通知 租税一件大隈返事問合セ 府県職制・松方正義褒賞書付ノ件徳大寺実則ヘ催促依頼
6 明治 二年 六月 四日 病気不参通知 清岡公張処分意見
7 明治 二年 六月二〇日 民部官人事 有村壮一・杉井清陰
8 明治 二年 七月 一日 徳川家達家臣関口間輔紹介状 租入米下附歎願ノ件
9 明治 二年 七月 八日 （虫喰文意不明）
10 明治 二年 七月一六日 府県奉職規則回附添状
11 明治 二年 七月二五日 聴訟規則書編纂慰労 英国王子参朝無事敬賀 岩倉具視ニ王子ト対面依頼 民部省人事 玉乃世履・野村
12 明治 二年 七月二六日 盤城国転封ノ件 民部省各司規則・沢村一件尽力依頼 津田
13 明治 二年 七月二七日 英国王子警衛方法 日田県ヘ堕胎捨子禁止ノ達申渡ノコト報知
14 明治 二年 七月二九日 英国王子滞在中警衛ノ件 押小路所業 奥羽新県設置 駅逓官不正

15 明治 二年 八月 四日 勝安芳外務大臣辞退ノ情実同人ヨリ聴取依頼 山岡鉄太郎
16 明治 二年 八月 八日 民部・大蔵合作不賛成 按察使判官以下私行ニ関スル広沢意見ニ同意 大隈重信・坊城俊章
17 明治 二年 八月一〇日 民部大蔵合作意見 退職希望
18 明治 二年 八月一六日 外務卿・開拓使長官辞退 民・蔵合作関連人事 玉乃世履・林栄二郎・中村弘毅
19 明治 二年(カ) 八月一八日 本日参朝セズ 大隈重信
20 明治 二年 八月二四日 民蔵合併後ノ慶永職席内報依頼
21 明治 二年 八月二八日 民部省人事 林栄二郎・中村弘毅進退 大学紛争 同人事ニツキ意見 丸山作楽学校論採用不可 福羽美静・土方久元・秋月種樹
22 明治 三年 六月一七日 大学紛争ニツキ広沢ニ援助依頼 仙石政固
23 明治 三年一一月二六日 鴨一番進呈 藩ノ儀ニツキ周旋ヲ謝ス 友田
24 明治 年 正月 二日 来訪依頼
25 明治 年 正月 八日 訪問通知
26 明治 年 二月一一日 豊岡・沢・松岡等転官ノコト尽力依頼
27 明治 年 五月二三日 先刻相談ノ件ニツキ参朝面談打合セ 岩倉具視・徳大寺実則
28 明治 年 六月二五日 参朝依頼 徳大寺実則
29 明治 年 月 日 田安・一橋両家家禄ノ件問合セ

三四、壬生基修書翰

1 明治 年 五月二四日 三条西邸訪問承諾
2 明治 年一一月一九日 開拓使人事

三五、水野 某書翰

1 明治 年 四月一三日 (虫喰文意不明)

三六、三浦梧楼書翰

1 明治 三年一二月二九日 信州出兵 借金依頼

三七、森寺常徳書翰

1 慶応 四年(カ) 二月二八日 英国公使へ贈与ノ織物代金
2 明治 二年(カ) 三月 七日 毛利敬親入来ニツキ来宅依頼

三八、長松 幹書翰

1 明治 年 六月二七日 (笠原某共宛)招待承諾ノ件 卿権大史招待不要

三九、西四辻公業書翰

1 明治 年一一月 三日 面会依頼取消

四〇、丹羽 某書翰

1 年 一月二一日 (虫喰文意不明)

四一、小原是水書翰

1 慶応 四年 五月 五日 (小原忠寛署名)会計官人事 由利公正・小松帯刀
2 慶応 四年 五月 六日 東征参加周旋依頼
3 慶応 四年 五月一〇日 楮幣ノ件 発行決定ノ上ハ異議申立ズ 岩倉具視・池辺
4 慶応 四年 五月二一日 小原進退 後輩井田譲任官周旋依頼 同人人物評
5 慶応 四年 五月二七日 小原進退
6 慶応 四年 六月二〇日 帰国療養 (大垣)藩家老等朝廷へ差出ノ件
7 明治 年 四月二二日 招待承諾
8 明治 年 九月 九日 柏亭雲州藩士招会
9 明治 年 月一三日 面会依頼

四二、大木喬任書翰

1　明治　三年一二日一〇日　浦上耶蘇教徒東京府下収容場所協議

四三、大久保利通書翰

1　年　三月一八日　面会打合セ　三条実美
2　明治　年一〇月　三日　岩倉具視ョリ面会依頼通知
3　明治　年一〇月　晦日　人事協議　徳大寺実則
4　明治　年　月　一日　雑件返書　木戸孝允・岩倉具視

四四、大谷光尊書翰

1　明治　二年　七月一六日　西本願寺中古以来勤王追賞尽力依頼　菊御紋改メノ件再考懇請
2　明治　三年　七月　九日　耶蘇教浸潤防止意見　渡辺昇
3　明治　三年　八月　六日　破邪（耶蘇教）飽迄尽力ノ積リ
4　明治　三年　八月二八日　帰京挨拶　大州鉄然上京世話依頼

四五、嵯峨実愛書翰

1　明治　年一一月一八日　刀剣代金受取
2　明治　年　月　日　刀剣入手受取廻送

四六、斎藤素軒書翰

1　年　二月　六日　井筒楼集会招待
2　年　二月二六日　明夕外出都合伺
3　年　二月二七日　井筒楼会合場所変更
4　年　四月　六日　自藩ノ件尽力感謝　井筒楼枉駕依頼　木戸孝允・寺内

5　年　五月　六日　挨拶状
6　年　六月二六日　井筒楼来臨　閑談希望　寺内暢蔵へ伝声依頼
7　年　七月二九日　藩士同伴面談打合セ
8　年　八月一八日　元次郎上京面会依頼　木戸孝允

四七、三条実美書翰

1　明治　二年(カ)　五月二五日　会計尽力慰労　前途協議ノタメ明朝来邸依頼
2　明治　二年　七月二一日　参議就任懇望
3　明治　二年　九月二八日　耶蘇教徒処置ニツキ大蔵・外務両省へ内談必要　同件大隈重信ト談合依頼　渡辺昇
4　明治　二年一〇月一六日　山尾庸三工部院奉職説諭依頼　鹿児島耶蘇教徒処分意見
5　明治　二年(カ)一二月　八日　耶蘇教徒護送・隔離ニツキ意見　上山鱗蔵
6　明治　二年一二月二一日　渡辺昇ヨリノ報知回覧
7　明治　二年　月　日　耶蘇教一条談合集会　渡辺昇
8　明治　二年(カ)　月　日　伝信機取建民蔵両者へ下達　出納勘定帳面政府へ差出指示
9　明治　三年　二月一七日　林友幸帰藩命令報知
10　明治　三年　六月　六日　(副島種臣共宛)英国公使ヨリ一同集会申越ニツキ出会可然ノ旨岩倉具視ニ申入
11　明治　三年　八月　八日　贋札罪人説諭立合依頼　同件東京府・弾正台関係　黒田清綱
12　明治　三年　八月　九日　歩兵解隊論意見　同件兵部省内動向探知依頼　奥羽へ参議出張ノ件　佐々木高行・渡辺清・河村純義・船越衛
13　明治　三年　八月一一日　歩兵解隊論意見　兵部省内論　山県有朋処遇　大久保一翁・津田真道等人材登用希望　川村純義・船越衛
14　明治　三年　九月　六日　民蔵分離問題意見　同件民部地方官ニ商議希望
15　明治　三年(カ)一〇月二九日　太政官小弁人事ニツキ意見　西本正道・多久茂族・内田政風
16　明治　三年　月　日　民蔵分離問題大木喬任意見ニテ発表延期ノコト申入

17 明治 年 五月一五日 来訪依頼
18 明治 年 六月二五日 来訪依頼
19 明治 年 七月 四日 明朝参朝依頼
20 明治 年一一月二六日 軸物進呈
21 明治 年一二月一二日 家政改革ニツキ家令雇入世話依頼
22 明治 年 月 日 来訪依頼
23 明治 年 月 日 (文意不明)
24 明治 年一二月一八日 家令雇入世話礼状 家政改革見込 世上人心不安

四八、三条西季知書翰

1 明治 年 五月二三日 出願承知
2 明治 年 五月二八日 招宴礼状
3 明治 年 七月 九日 美菓受納礼状

四九、沢 宣嘉書翰

1 明治 三年一一月一八日 仏語堪能者採用要請
2 明治 年 五月二三日 訪問通知

五〇、宍戸 璣書翰

1 明治 年 二月二三日 長松幹政府向相談ノ件
2 明治 年 月二三日 長松幹ヨリ返答ノコト

五一、四条隆平書翰

1 明治 三《カ》年一一月一五日 会津近況 贋札取締困難ノ状況報知

五二、多久茂族書翰

1 明治 三年 正月 九日 金銀貨改鋳ノ件

五三、戸田忠至書翰

1 明治 年 六月 四日 御馬方ノ件書面ノ趣承知

五四、徳大寺実則書翰

1 明治 二年 七月一〇日 書面ノ趣承知

2 明治 二年 七月一〇日 金札弘通ヲ諸藩へ要請 三陸巡察使出発

3 明治 二年 八月二三日 書類回覧添状

4 明治 三年 二月 九日 刀剣購入

5 明治 年 六月二一日 地方官・区画異動 久保無二三

6 明治 年 六月二五日 明日出勤依頼

五五、津田橘二書翰

1 明治 年 月二六日 近況報知

五六、辻 将曹書翰

1 慶応 四年 七月一八日 府県制度一新ニツキ意見

五七、山田顕義書翰

1 明治 三年 三月二三日 広沢帰国ニ際シ進言条々 薩長関係調整 大村益次郎支持 大久保・木戸・西郷・黒田・吉井・山県

五八、山田鋪三郎書翰

1 明治 二年 八月二一日 贋金製造取締

五九、山口尚芳書翰

1 年 三月一八日 面会依頼

六〇、山本 実書翰

1 慶応 四年 四月 四日 高橋藩士来宅ニツキ広沢ニ来訪依頼

2 慶応 四年 四月二五日 水野藩士遊学上京ニツキ指図依頼

六一、横山真美書翰

1 年 七月一二日 美菓・生魚券恵贈礼状

六二、吉田 某書翰

1 年 七月 五日 書翰落手

六三、吉井友実書翰

1 慶応 四年 五月一八日 高田・尾州・真田三藩戦況報知

六四、差出人不詳書翰

1 慶応 四年 四月一五日 (正治署名)遊宴都合問合せ

2 慶応 四年 七月二九日 戊辰戦争越後戦況報知

3 明治 元年(カ) 九月二一日 旅中安穏祈念 杉孫七郎

4 明治 二年一二月二九日 学校人員減少始末 西京大学校見合セ府学タルベキコト意見

5 明治 年 三月 二日 山内容堂来庵ニツキ来訪勧誘

6 明治 年 四月 四日 面会依頼

7 明治　年　四月二八日　面会延期依頼

8 明治　年　五月　九日　加賀藩朝献米一件ニテ大阪行　園田・北川官吏採用周旋依頼

9 明治　年　七月二三日　西下勅許斡旋希望

10 明治　年一二月一二日　雑件

11 明治　年一二月二四日　挨拶状

12 明治　年　月　日　来訪依頼　大久保利通・神山郡廉

13 明治　年　月　日　林太仲紹介状

14 明治　年　月　日　招待不参通知

15 明治　年　月　日　招宴断り状

広沢真臣書翰

六五、柏村数馬宛書翰

1 明治　三年一〇月　四日　柏村庸之允仏国留学ニツキ感慨　長州脱隊騒動全員鎮圧ノ件　官員入札精選ヲ期待　前原一誠帰省ニツキ注意

2 明治　三年(カ)一一月　七日　借財返済・留守家族世話礼状

3 明治　三年一一月一五日　知事家禄ヲ学校費ヘ充当・外人教師雇入等教育問題所見　福沢諭吉・山県有朋・山田顕義・野村靖

4 明治　三年一二月　五日　討薩論・維新有功藩処遇ニツキ意見　日田暴動鎮圧所見　長州藩政改革促進勧告・外人雇教師傷害　長州出京学生行状　大久保利通・木戸孝允・前原一誠

六六、柏村数馬夫人宛書翰

1 明治　三年(カ)一〇月一九日　柏村庸之允書状写真送附

六七、松田道之宛書翰

1 明治 三年 正月一一日 京都止刑事件事情内密聴取希望

六八、宍戸璣宛書翰（写）

1 明治 四年 正月 八日 諸参議暗殺企図ノ西国浪士不穏行動ニ断然処置希望

六九、杉孫七郎宛書翰

1 明治 三年 六月一六日 毛利敬親着京後長州藩関係者会合模様 宍戸璣刑部少輔ニ用召 脱走兵探索肝要 木戸孝允・前原一誠・野村靖・品川弥二郎

七〇、長州藩政府関係者宛書翰

1 元治 元年一二月一九日 江戸表話合長州藩士帰国許可歎願案文

2 慶応 二年 四月一九日 第二奇兵隊脱走処分ノ件芸州藩ヘ依頼案文

3 慶応 二年 五月一七日 （木戸準一郎外三名宛） 幕府・芸州藩ト交渉模様 宍戸璣・楫取素彦消息

4 慶応 二年 五月一八日 （木戸準一郎外四名宛） 幕府ト交渉模様

5 慶応 二年 五月一八日 （政府諸先輩宛） 対幕府交渉方略

6 明治 二年 八月二九日 （参事各位宛） 薩長賞典禄半方返上ノ件 賞典禄用途ニツキ意見 北海道割附地経営策評議依頼 兵卒士官規律ニツキ意見 正木

7 明治 三年 正月二八日 （杉孫七郎外五名宛） 脱隊騒動断固処置希望 神祇官宣教使要員差出依頼

8 明治 三年 四月 四日 （正権大参事各位宛） 干城隊東下・仏式銃陣伝習地ニツキ意見 木梨精一郎

9 明治 三年 五月一四日 （権大参事大監察宛） 藩政改革意見 脱走兵再挙鎮圧ハ前途ニ好都合 郡県制大目的確守要請 干城隊情実承知 脱刀論成行 肥後藩動向

10 明治 三年 五月一五日 （ 〃 ） 長州藩脱走兵厳重処分要請 諸藩動向

第三者間書翰

七一、橋本実梁書翰

1　明治　年一〇月二一日　（岩倉具視宛）度会県治ニツキ上申　使者大橋黙仙紹介

七二、池辺藤左衛門書翰

1　　年　五月　七日　（小原忠寛宛）（破損文意不明）

七三、長松　幹書翰

1　明治　年　月二三日　（宍戸璣宛）広沢旧同僚招請一件

七四、三条実美書翰

1　明治　二年　七月一五日　（松平慶永宛）府県奉職規則広沢へ回覧依頼　松田道之帰京報知

2　明治　二年　月　日　（　〃　）広沢同伴来訪依頼

3　明治　二年　七月一六日　（岩倉具視連署　大隈重信・寺島宗則宛）貨幣談判ニツキ大蔵・外務熟談尽力要請　広沢ヘモ出頭依頼

書類の部

一五、政治関係意見書・写書類

1 波多野金吾海防策意見オヨビ漢詩草稿　表書「丙辰六月穀且未定稿」トアリ　一冊
イ　多田稽古場策問控　海防策意見　嘉永五年閏二月
ロ　論語里仁篇講議上聴控　嘉永五年三月
ハ　遠足記
ニ　兵学上聴写　海防策意見　安政四年八月
ホ　防春或間　国防策（山形儒官塩谷甲蔵）
ヘ　対策　海防策意見　安政五年一〇月一四日
ト　憶説　海防策意見　安政五年一一月
チ　漢詩草稿
2 波多野金吾海防意見書　一綴
3 関東有志者廻書写　攘夷檄文　万延元年一二月　一綴
4 政情覚書　毛利慶親幕府閣老ト面会模様　一ツトヤ勤王流行武士・勤王御楯武士　文久元年　一冊
5 島津久光書翰写　脇坂安宅宛　一橋・越前両侯登用評決催促　毛利慶親上洛中止　要請　文久二年　一綴
6 結城秀伴・村井政礼意見書　勅使江戸着以前毛利慶親上京ノ不可ヲ言上　文久二年七月四日　一綴
7 一橋慶喜諭書写　家来中宛　一橋家再相続併将軍後見役就任ニ際シ家来中へ訓示　文久二年七月八日　一綴
8 公武周旋土州侯宛内沙汰書写　文久二年八月二六日　一綴
9 毛利元徳直諭写　官武周旋ノ主旨ヲ告ク　文久二年八月二九日　一通
10 参勤交替制等改革令写　附文久二年参勤割合表　文久二年閏八月　三綴

11 斬奸旨意書写　井伊・安藤二奸遺輒改革要求　文久二年　一綴
12 安藤信正・久世広周処罰仰出書写　文久二年八月　一綴
13 徳川家茂達書写　幕政改革　文久二年一一月一五日　一綴
14 井伊直弼等処罰ノ件申渡覚　文久二年一一月二〇日　一通
15 文久二年書類写　二綴
イ　寺田屋ノ変死亡人名調御届書写
ロ　島津久光卒兵上京建議写
ハ　公卿諸大名解慎達写
ニ　大原重徳東下持参勅諚写
ホ　平野国臣意見書培覆論写
ヘ　孝明天皇攘夷親征決意宸筆写（偽書）
ト　東禅寺襲撃事件届書写
チ　勅使東下ニツキ老中申渡　外国・神奈川奉行宛写
16 孝明天皇御歌　上賀茂行幸　文久三年　一通
17 孝明天皇御沙汰書　一橋慶喜宛　将軍東帰中止　京都近海守備指揮下命　文久三年三月一七日　一通
18 薩州上書写　奸賊誅罰攘夷ノ件　義士檄文　文久三年　一通
19 一橋慶喜上願　攘夷実行ノ件　文久三年四月一四日　一通
20 志士奏問断簡　攘夷論　文久三年一二月　一通
21 下関ヨリ注進聞書　森山新蔵等十一名人物探聞動静報告　一冊
22 攘夷実行建白書　慶応元年二月　一冊
23 神感夢記　呉竹庵某秘記　尊王攘夷時論　一冊
24 第二次長州征伐関係幕府奏聞・諸侯建白等写　慶応二年　一綴
25 吉川経幹歎願書写　宍戸璣・小田村素太郎ノ釈放ヲ乞ウ　慶応元年　一通
26 某建議案　幕藩制・軍制変革　慶応三年一二月　一通

27 政体案　政体書草案　慶応四年　一綴
28 宗制改革ニ関スル永平寺・総持寺願書写　附　永平寺指出寺格手続書写　慶応四年三月　二綴
29 能州総持寺書上写　本寺職無本寺ト相立来リ候次第書上　慶応四年三月　一冊
30 真名介意見書　会津攻メノ件　金札融通ノ件　慶応四年七月二日
31 広沢真臣府県施政順序案　明治二年二月　一通
32 山口藩権小参事森清蔵・湯川平馬ヨリ開拓使宛願書　藩領ヘ回船直航禁止・開拓使ヘ入港税直納取止メ願　（附）増毛・留萌二郡戸口・物産書上　明治二年一〇月　二枚
33 海陸軍費定額見積案　府藩県歳入ヨリ家禄賞典ヲ除ク残石四分ノ一ヲ海陸軍費定額ニ充当ノ見積リ　明治三年　一綴
34 工部省ヲ設ルノ旨　明治三年　一冊
35 （源）知時建言　民部府県知熟説　府県行政改革　勧農局設置反対意見　明治三年一〇月　一冊
36 喪紀・姓名・時刻・忌服穢等制度案　明治三年　一綴
37 英仏其外七カ国国力幷軍備表　一冊
38 留学国々修学科目　一冊
39 某歎願書　岡山藩伊木長門赦免願　一通
40 岡田吉顕建白書（福山藩大参事）　国体・政治・学制ヲ論ズ　一冊
41 政治制度改革意見　表紙ニ「附録」トアリ　一冊
42 藩政論　附職制表　藩議政・行政・執法機構論　一冊
43 赤松大三郎財政意見書　外債　新貨鋳造　外債償却　一冊
44 官吏登用意見　一綴
45 朝鮮復交交渉書類　清国事情報告書等綴
イ　来復書式案
ロ　御一新之義朝鮮国ヘ報告ニ及ヒ候文案
ハ　対鮮交渉促進意見
ニ　対島守建白之条決裁要請ロ上（大嶋友之允）書取

(i) 通信使来朝ノ件 (ii) 対州私交弊例更革ノ件
ホ 清国饑饉惨状概略
ハ 韓国事件廉書
46 戸田忠恕建白書写 攘夷ノタメ士風振起ノコト 一綴
47 局外中立論 一綴

七六、広沢真臣履歴資料

1 柏村半右衛門覚書 季之進(真臣)波多野家聟養子ノコト
2 直温婚儀一件控 安政三年一一月 一綴
3 真鍋長兵衛覚書 養女ノ件 一通
4 志道親良等連印奉書 柳沢備後等宛 波多野金吾 広沢藤右衛門ト改名許可 同写共 元治二年四月四日 二通
5 広沢兵助永代改姓願・同演説書 明治三年九月一八日 二通
6 柏村家親類附 一通
7 広沢真臣立身祝詞 半紙一枚
8 広沢兵助宗門届書 明治二年四月朔日 一通
9 広沢兵助戸籍写 一通
10 広沢真臣上申書 山口藩庁宛 安政六年以降閲歴 明治二年三月 一通
11 諸控 広沢真臣履歴
12 広沢真臣履歴 一通
13 広沢真臣履歴書 太政官罫紙一綴
14 広沢真臣履歴 修史館罫紙一綴
15 前参議広沢真臣卿履歴書 明治一四年一二月 一綴
16 広沢真臣履歴書 附家族系譜 明治二三年四月 罫紙一綴

17　三条実美履歴書進達御沙汰書　功臣事蹟編纂ノタメ　明治七年二月一四日　一通

七、広沢真臣日記・覚書類

1　波多野直温在府中諸沙汰其外日録　嘉永六年六月一六日ヨリ嘉永七年八月二三日迄（米艦来航ニツキ先鋒隊出府ヨリ帰国マデ）　一綴

2　波多野直温日乗　嘉永七年八月二四日ヨリ安政二年九月五日マデ　一綴

3　波多野直温在府中御触其外諸沙汰控　安政二年九月出発ヨリ安政三年月九日萩帰着マデ　一綴

4　藤原直温日乗　安政三年三月九日萩帰着ヨリ安政三年一二月晦日マデ　一冊

5　直温諸控　安政四年初冬改　一綴

6　直温三田尻在番抜萃録　安政六年　一冊

7　直温公用日載　第一　安政六年三月二七日ヨリ同年一二月晦日マデ　郷蔵元検使役並諸御用掛共　一綴

8　直温公用日載　第二　安政七年正月元日ヨリ同年（万延元）一二月晦日マデ　御蔵許検使役御買物方掛リ　淡路守様御出萩掛リ　一綴

9　直温公用日載　第三　万延二年正月元日ヨリ同年（文久元）一二月晦日マデ　一綴

10　直温公用日載　第四　文久二年正月元日ヨリ同年一二月八日マデ　一綴

11　淡路守（毛利元蕃）御出萩一件控　万延元年八月二四日ヨリ同年一〇月一五日マデ　一綴

12　日載　壬戌（文久二年）季冬初九東〇〇発足以後記焉　文久二年一二月九日ヨリ文久三年四月三日マデ　一綴

13　直温日載　文久三年四月六日ヨリ六月二日マデ　一綴

14　日記　慶応三年一二月九日ヨリ慶応四年正月一六日マデ　〔清写〕　一綴

15　備忘録　第一　慶応三年一二月一八日ヨリ慶応四年八月一四日マデ　一綴

16　備忘録　第二　明治元年八月一五日ヨリ同年一二月一一日マデ　一綴

17　備忘録　明治元年一二月一一日ヨリ明治四年正月七日マデ　金銭出納　一綴

18　日載　明治元年一二月一一日ヨリ明治二年三月二八日マデ　一綴

19　公用備忘録　明治二年八月二四日ヨリ明治三年一一月マデ　一綴

20 日載　明治二年三月二九日ヨリ明治三年正月二九日マデ　一綴
21 備忘録　明治三年二月朔日ヨリ明治四年正月五日マデ　一綴
22 雑記綴　一綴
23 雑覚書　五点

七六、広沢真臣長州藩勤仕関係書類

1 広沢真臣（波多野金吾・藤右衛門・兵助）宛　嘉永六年ヨリ明治三年マデ　長州藩達書　一二一通
2 芳之助様ヨリ頂戴品目録　慶応三年一二月　一通
3 広沢兵助辞令　帰省中参政上産改正詮儀掛任命　明治元年一〇月一八日
4 毛利敬親達書　広沢兵助宛　滞京中参政現勤心得　明治元年一二月七日　一通
5 毛利侯ヨリ羽織金子下賜仰渡書写　附目録　明治二年七月五日　三通
6 広沢藤右衛門願書　在郷住居許可願　附同許可達　正月二三日　二通
7 広沢真臣願書　山口藩庁宛　柏村庸之允滞京願　明治二年四月一七日
8 広沢兵助覚書　拝借金返納知行高復元願　明治三年一〇月　二通
9 波多野兵助願書控　福原例宛　毛利輝元二百回忌勤仕　未年三月　一通
10 波多野兵助願書控　水津半右衛門宛　妙悟寺殿二百五十回忌勤仕　九月　一通
11 波多野兵助願書案　妙悟寺殿二百五十回忌勤仕　一通
12 波多野金吾旅中仮養子願書控　五通
13 元治元年波多野金吾萩野山屋敷入関係書類
　イ　萩藩達書　有地九助等宛　波多野金吾預置　一通
　ロ　柏村数馬伺書控　金吾身柄預リ　一通
　ハ　波多野金吾親類中伺書控　親類無人ニ付沙汰申請　二通
　ニ　波多野金吾親類中覚書　金吾預リ順番等　一綴
　ホ　萩藩達書　有地九助宛　金吾預免除　一通

へ　萩藩達書　波多野金吾親類中宛　組中一名出頭　一通
ト　野山屋敷入携行品目覚書　一通

七九、波多野英蔵長州藩勤仕関係

1　長州藩達書　波多野英蔵宛　二七通
2　波多野英蔵仮番頭役引継覚書　嘉永六年一一月　一綴
3　波多野英蔵願書　金吾先鋒隊江戸出府手当　藩庁宛　一通
4　波多野英蔵願書案　藩府宛　毛利宗広百回忌勤仕ノ件　正月一三日　一通

八〇、広沢真臣死去関係

1　長州藩達書　広沢健三宛　広沢贈正三位祭祀料関係　四年正月　四通
2　広沢真臣卿薨去一件控　正月九日已来諸事日載　葬祭一件録　薨去役始末并概算記等　一袋一八点
3　広沢真臣卿薨去諸控　葬義・家督相続関係　明治四年正月　一三点一袋
4　広沢真臣葬祭一件　年祭記録　一一点一袋
5　広沢健三届書　真臣遭難ニツキ謹慎届　明治四年正月　一通
6　藤井勉三（大属）通達書　広沢健三宛　真臣横死ニツキ謹慎　明治四年一月二五日
7　石崎帰蔵・起田正一宛通達書　謹慎ノ達　明治四年正月二五日　二通
8　長州藩達書　石崎帰蔵・起田正一等宛　解慎ノ達　一通
9　壬生基修東京府知事論書　広沢真臣殺害犯人探索ニツキ府官員ニ論達　明治四年二月　一通
10　高遠潘黌師範広沢真臣殺害犯人伊奈県下探索聞書　明治四年三月　進徳館罫紙　一綴
11　広沢健三宛　某書翰（仮名）　広沢真臣殺害犯人探索　明治四年四月朔日
12　広沢参議殺害犯人探索報告　明治四年九月四日　（墨書）　一綴
13　広沢参議殺害凶器関係者取調書　一綴
14　広沢参議暗殺事件　高木茂八・板倉鉄五郎取調書　明治四年六月　一綴

15 市川兼三郎・岡本勇蔵司法省ヨリ喚問上京一件書類　六点
16 起多正一御不審之儀ニ付不解条々　一綴
17 起田正一在京中受払金高取調書類　長州藩達書・起田正一弁明書等　二綴　四通
18 峯山藩足軽高木茂八並鋳五郎糺問手続書写　明治四年七月　朱字附紙　二冊
19 故参議公墓前ニ誓ヒ条公閣下ニ奉ル書ノ写　明治五年八月　一綴
20 広沢参議暗殺ニ関スル坂口匡提出書写　明治六年三月一五日　一綴
21 広沢参議暗殺事件ニ関スル坂口匡・坂口隆ノ口供書　明治六年三月一八日　一綴
22 広沢参議暗殺事件　坂口匡・隆取調書　四綴
23 坂口匡関係書翰　明治六年　二綴
24 広沢参議暗殺事件証人口供書　長瀬義幹・坂口七郎・留永広吉・山中春蔵・色川海之助・豊原清・小山進・川島元盈・野口平蔵　明治六年　一冊

八一、波多野氏系譜類

1 波多野直温編　波多野家系図其他　イ　波多野家略系図（中世）　ロ　伝書　ハ　御由緒願　ニ　吉見家略系図　ホ　波多野略家系図（近世）　ヘ　沢家略系図　一冊
2 波多野家系図並家譜　広沢進マデ　草稿・浄書　二冊
3 直温末《（マヽ）》稿波多野家系　安政四年七月改　一冊
4 波多野氏系図　一綴　二通
5 波多野氏略系並伝書　一冊
6 波多野略系並伝書証文御奉書控　一冊
7 広沢家伝書他　イ　御法号録并年表　ロ　柏村家略系　ハ　家伝書并三家系　帙入　三冊
8 直温家譜拾粋録　安政四年七月改　一綴
9 波多野家累代書　一通
10 波多野氏系譜史料断簡　一三点

11　御先祖様年廻録　安政五年三月　一冊
12　広沢家霊祭録　一袋　四点
13　波多野家霊位　二巻
14　親類并智因録　安政五年三月改　一冊
15　波多野氏親類系譜　一木・益田・中村・岡・沢・宍戸・滝戸　波多野四兵衛末家　四綴　四通

八二、吉見氏関係

1　吉見略系全　一冊
2　吉見氏由緒書　一綴
3　吉見氏系図類　三巻　一綴　八枚
4　後醍醐天皇論旨偽書写　吉見弘信戦功　正中六年三月二三日　一通
5　吉見氏家歴不審個条書付　一通
6　吉見氏家中人名録　一綴
7　吉見元頼朝鮮在陣之内見ヘタル名々　一綴
8　吉見正頼（ママ）家頼侍附立　正徳二年三月一六日　一冊
9　吉見家（ママ）頼付立　横帖　一冊
10　吉見氏家譜史料断簡　二一点

八三、波多野氏累代文書　I

1　大内政弘判物　波多野秀信宛　所領宛行　文明一二年九月二五日　一通
2　内藤奥盛判物　波多野助左衛門宛　所領預ヶ状　天文二二年五月二三日　一通
3　大内義隆物判写　遠田主計允宛　所領安堵　弘治二年六月朔日　一通
4　毛利隆元判物写　波多野亀寿宛　所領安堵　永禄二年一〇月一五日　一通
5　毛利隆元判物写　波多野亀寿宛　父ノ戦功ヲ賞シ所領宛行　永禄三年四月一一日　一通

6　毛利輝元判物写　波多野兵庫允宛　所領宛行　天正一六年六月二〇日　一通
7　吉見元頼宛行状案　波多野作兵衛宛　阿武郡内四十石地宛行　天正一九年一〇月一八日　一通
8　吉見元頼判物　波多野右馬允宛　所領宛行　天正一九年一〇月一八日　一通
9　吉見広行判物　波多野二右衛門宛　所領宛行　慶長三年三月一九日　一通
10　吉見広行状案　波多野与三兵衛宛　領地宛行　慶長三年三月一九日　一通
11　吉見広行判物　波多野仁右衛門宛　所領宛行　慶長六年一一月一一日　一通
12　判物写　吉見家ヨリ先祖ヘ領地打渡状等之判物写　享保七年九月（写）　一綴
13　大内義興吹挙状（写）波多野助太郎宛　左衛門尉　永正四年一二月一五日　一通
14　吉見正頼吹挙状　波多野藤右衛門宛　紀伊守ニ吹挙　永禄三年正月二二日　一通
15　毛利輝元吹挙状　波多野仁右衛門宛　任清左衛門尉　慶長一二年正月八日　一通
16　毛利輝元吹挙状　中村門左衛門宛　任九郎右衛門尉　慶長一二年正月八日　一通
17　毛利秀就（カ）吹挙状　波多野十三郎宛　任兵介　元和六年正月一一日　一通
18　毛利秀就吹挙状　波多野半蔵宛　任喜兵衛尉　寛永七年正月朔日　一通
19　大内義隆（カ）御内書案　長々在城慰労　六月六日　一通
20　大内政弘書状　波多野直信宛　鮭到来礼状　一一月一八日　一通
21　良順書状　見島藤右衛門他宛　病気ニツキ助五郎ニ御城御番外御奉行申付ノコト　明応七年九月一一日　一通
22　賢俊等連署書状　波多野藤右衛門宛　宗伝下城後ノ守備　天文五年一〇月二一日　一通
23　隆仲等連署書状　町野宮之丞宛　波多野助左衛門給地ノ件ニテ呼出　天文二〇年九月一三日　一通
24　隆言等連署書状　波多野助左衛門宛　知行安堵　天文二〇年一〇月七日　一通
25　隆世等連署書状　波多野助左衛門尉宛　戦功褒賞　六月二日　一通
26　隆勝等連署書状　波多野五郎左衛門宛　軍勢催促　正月一四日　一通
27　興滋書状　波多野頼春宛　病気不参報知　九月二八日　一通
28　隆尉等連署書状案　禅興寺宛　波多野藤右衛門等給地打渡ノ件　七月五日　一通
29　吉見正頼書状　波多野右馬允興景宛　下賜品添書　八月一〇日　一通

30 吉見広頼書状　波多野藤右衛門〔直忠〕宛　城譜請ノ件　一〇月四日　一通
31 吉見広頼名字折紙　波多野吉次宛　加冠　天正一八年八月晦日　一通
32 波多野弥四郎元行書状　祈禱音問ヲ謝ス　四月一六日　一通
33 波多野弥四郎〔元行〕内儀書状　戦勝祈願依頼　一〇月二八日　一通
34 波多野宗清書状　村山大夫宛　祈禱ヲ謝ス　一月二一日　一通
35 波多野好宗書状　村山四郎大夫宛　祈禱音問礼状　三通
36 吉見家随従当時由緒書（写）　享保七年九月（写）　四綴

八四、波多野氏累代文書　Ⅱ

1 波多野氏相続関係奉書　波多野四兵衛隠居五郎兵衛相続ヨリ波多野英蔵致仕金吾相続マデ　延宝六年―安政六年　三〇通
2 波多野家先祖来歴関係書状　九通
3 波多野氏知行地関係書類　万治二年―享保九年　知行加増・歩戻開作等　七通
4 古屋久四郎誓書　古屋八郎左衛門宛　本家相続　享保九年一一月　一通
5 波多野清左衛門起証文前書　波多野藤右衛門宛　親族内紛義和解　寛保元年八月二四日　一通
6 波多野与三起請文　波多野藤右衛門宛　親族内紛義和解　寛保元年八月二五日　一通
7 波多野氏家族関係雑書　類誕生・死亡・養子・改名・年忌等　五綴　七通
8 江戸御役座諸控　享保五年―寛延二年諸事書留　一冊
9 大検使座御書附同授書他　延宝五年―明和七年　一冊
10 長州藩勤仕関係雑書類　九点

八五、雑　部

1 毛利氏事歴　慶長五年―寛永十年　一綴
2 毛利秀就消息　夫人宛　毛利輝元病状他　四月二〇日　一通

3　講武所規則書　安政三年四月　一冊
4　長州藩達書　国司次郎三郎等宛　先鋒隊員任命　嘉永六年二月一八日　一通
5　堀利熙辞世賦写　万延元年　一通
6　鳥撰覚書　鳥孝貫通甫写　野村作之丞諸事書留　延享元年一〇月
7　沙村詩集　波多野金吾写　嘉永四年一〇月　一冊
8　広沢兵助届書　弁事宛　病気上京猶予　明治元年一一月一四日　一通
9　祭祀定例　先祖祭ニツキ健三へ諭書　明治二年三月七日　一通
10　招魂社用地払下願書類　兵部省宛広沢真臣願書他　明治三年一二月　三通
11　長松文輔休暇延長願書（弁事御中）　一二月一七日　一通
12　広沢家蔵書目録　明治四年正月　一冊

（附録）広沢真臣略年譜

本目録所収の「広沢真臣上申書」「広沢宛長州藩達書」「広沢真臣日記」および「百官履歴」に主として依拠し、文部省編「維新史」末松謙澄編「防長回天史」等を参考にした。

天保四年　一才
二月二九日　萩藩士柏村半右衛門安利三男として誕生　諱ははじめ直温のち真臣　通称ははじめ季之進・金吾のち藤右衛門・兵助　号は障岳

弘化元年　一二才
一二月二八日　波多野直忠（英蔵）聟養子

嘉永五年　二〇才
二月一八日　先鋒隊入

嘉永六年　二一才
六月二四日　米艦来航につき江戸出府
一二月一〇日　先鋒隊除隊

安政二年　二三才
九月九日　江戸へ向け発足（一〇月三日江戸着）

安政三年　二四才

安政六年　二七才
二月一七日　江戸発帰国（三月九日萩着）
二月一九日　家督相続
三月二八日　蔵元順番検使当分暫役（九月九日本役）
一〇月一一日　軍制詮議御用掛
一〇月一八日　献上掛
一〇月二一日　木屋方暫時掛
一〇月二八日　三田尻御仕組掛

万延元年　二八才
五月一八日　勘文方御悩借方掛
七月一〇日　病気辞職願却下
七月一八日　御買物方掛
八月二四日　毛利元周出萩御賄

文久元年　二九才
二月一四日　御手廻組に加へられ大検使役被仰付
二月一四日　蔵元順番検使役免
六月一三日　御納戸御道具請渡方見届
六月二日　有備館用掛

文久二年　三〇才
二月四日江戸上府
四月二五日　御米銀方請渡並内勘見届掛
五月一三日　大納戸御道具請渡見届掛
六月二日　有備館御用掛同館御入用並諸器械出納見届
六月九日　桜田大納戸武具調見届
一〇月四日　兵庫惣奉行毛利筑前江戸詰居中手元雇之御用取計被仰付

一一月二八日　軍装並上京御道具取調
一二月一三日　世子上京随行

文久三年　　三一才

正月四日　若殿様御供差除京都詰
正月二四日　根来上総殿手元役
二月三日　御用所役兼帯
二月六日　若殿様御供人数並諸器械配付隊伍編成等取調
三月朔日　根役より浦靱負殿手元座之御用取計被仰付
三月一六日　行幸供奉慰労
四月二一日　世子に随従京都発（五月八日山口着）
五月一八日　蔵元役助役
五月二八日　根来上総殿手元役差免
六月六日　攘夷ニ付馬関出張被仰付滞留中惣奉行国司信総殿相談役
六月一〇日　赤馬関出頭
六月一七日　明倫館頭人
八月二九日　奇兵隊解散の藩議に反対小郡転駐を主張し容れられる
九月一三日　蔵元本役
九月二四日、二七日　藩政府員会議に出席
一二月三日　明倫館頭人座御用差除
一二月六日　三田尻出張
一二月六日　明倫館頭人免

元治元年　　三二才

三月一四日　公卿方赤間関行随行
四月四日　身柄一代広沢と改称許可
五月一一日　操練御用掛
七月一三日　若殿様御進発御供被仰付
七月晦日　世子御供免
八月七日　四国連合艦隊に対する和平提議の藩議に参加
八月一〇日　毛利登人に随行し四国艦隊との和平交渉に当る
八月一三日　外国人応接係被仰付
八月二九日　御政務役被仰付蔵元役兼帯
九月一四日　辞職不許可
一〇月二五日　病気辞職許可
一二月一八日　萩野山嶽に投獄

慶応元年　　三三才

二月一四日　釈放
二月一五日　野山屋敷より帰宅謹慎
二月二六日　謹慎解除
三月三日　手当方用掛
三月六日　手廻組御用所右筆
四月四日　広沢藤右衛門と改名許可
四月二九日　辞職不許可
五月六日　御用所役国政方
六月一三日　御役人通に被準御小姓筆頭被差置
八月二二日　軍制惣掛被仰付当方御国政引請
八月二六日　御用有之芸州に差越

一一月一五日　根役より干城中隊副督被仰付毛利内通殿留守
中総管座之御用取計
一一月上旬　広島に赴き芸州藩と折衝
一一月中　芸州滞留
一二月上〜中旬頃近藤勇等の長州藩内情探知のための同行要
請を拒否
一二月二五日　五卿様方御帰洛之節上京被仰付候事

慶応二年　三四才

五月一日　幕府高杉広沢等一二名広島へ差出を命令
六月一三日　御小姓筆頭
八月七日　小田村素太郎とともに芸州藩家老仙石志摩と会し
二藩提携を議す
九月二日　井上・太田・長松等と共に厳島にて勝と応接
一一月　五代友厚と薩長「商社示談箇条書」を結ぶ
一二月九日　政事堂出勤
一二月九日　蔵元役兼帯

慶応三年　三五才

八月二二日　軍制惣掛
九月一七日　山口にて木戸とともに薩藩大久保・大山と会談
九月一八日　大久保の毛利父子との会見に同席
九月一九日　木戸等とともに大久保と会談出兵盟約
九月二〇日　山口にて芸藩植田乙次郎と出兵盟約を議定
九月二三日　広島へ派遣さる
九月二七日　浅野茂勲に謁見、出兵延期非得策を警告
一〇月上旬　芸藩家老辻将曹を説得のため上京
一〇月八日　薩長芸三藩士会合に出席
一〇月八日　京都の情況報告に藩地へ出発するも大久保に呼
戻される
一〇月一三日　岩倉具視より討幕密勅をうく
一〇月一四日　密勅を奉じ大久保等と京都出発（同月二一日
山口着）
一一月一八日　三田尻にて毛利広封島津茂久の会見に陪席
一二月一八日　御用有之急速上京仰付られ同夜山口発（同月
二六日京都着）
一二月二七日　京都薩藩邸へ出張

明治元年　三六才

正月初　岩倉と乗輿遷幸を協議
正月三日　参与
正月一七日　徴士
正月一七日　海陸軍務掛
正月一九日　内国事務掛被仰付　海陸軍務掛兼勤
正月一八日　大久保の大阪遷都説に賛成
二月九日　御親征大総督参謀辞退
二月一六日　外国人上京参内に付御用掛被仰付
四月六日　京都岩倉邸にて徳川家処分の朝議に参加
五月二三日　当官を以て京都府御用掛
九月二三日　毛利敬親供にて京都発途帰国（一〇月五日山口着）
一〇月一八日　長藩御用所御右筆役差免

一〇月一八日　帰省中長藩参政上座御改正詮議掛
一一月二日　当今参与席御無人に付至急上京命令
一一月一四日　病気上京猶予
一二月七日　滞京中長藩参政現勤心得
一二月一一日　山口発途上京（明治二年正月元日京都着）

明治二年　三七才

正月一四日　薩・長・土藩版籍奉還円山会議に出席
二月　此月胸痛病臥
二月九日　御東幸供奉被仰付
三月一一日　病気快方発途（三月二八日東京着）
四月八日　民部官副知事兼勤
五月九日　邨蘇宗徒御処置取調掛被仰付
五月一五日　是迄の職務免ぜられ民部官副知事専任
五月二一日　叙従四位下
五月二五日　封建・郡県併用論奉答
七月八日　民部大輔
七月二〇日　御用の節々開拓使へ出仕被仰付
七月二三日　参議
八月二〇日　東久世公一件取調不都合に付謹慎（翌日解除）
九月二六日　高千八百石　依勲労永世下賜

明治三年　三八才

正月七日　紫組掛緒下賜
三月二三日　叙正四位
三月二四日　御用有之山口藩へ差下さる（四月五日山口着）
四月二三日　山口発途（五月朔日東京着）
五月一二日　弾例取停手落に及び不束之次第に付謹慎被仰付
（同月一九日解除）
七月一〇日　民部省御用掛
九月八日　薩長土肥徴兵訓練天覧供奉
九月一八日　永代改姓願
一〇月五日　民部省御用掛被免
一一月一七日　西京御改革一件につき上京被仰付
一一月三〇日　参議中御無人御用多に付上京被免
一一月三〇日　東京府御用掛
此年　長藩より拝借金返納減石復元認可

明治四年　三九才

正月八日　死去
正月九日　贈正三位

正誤表

頁	行	字数	誤	正
一	七	七		雨の次に「御上洛ニ付、是ニ誌ス」を加う
三	五	一五	へ	削る
同	九	八	暁	晴
同	一三	四	に	々
同	同	一六	膳	蔵
同	同	一七	頭《マヽ》	頭
四	四	二		沾の次に「被成」を加う
六	二	一五	相	差
同	五	一八		成の次に「ル」を加う
一〇	三	一四	□□□□□□□□□	削る
同	八	二二		哉の次に「之」を加う
一一	九		立石	三戸
一二	六	一五		様の次に「一橋御東下御暇被下候、御出相成候事」を加う
同	八	七	之	其
一三	一〇	六	事	儀□□
一四	八	九		五の次に「ツ」を

頁	行	字数	誤	正
				加う
同	一二	一六	六	七
一五	四	一三	六	七
同	九	一六	於	猶
一六	九	五		公の下に「一」を加う
同	一三	一四	者	七人
同	同		脱アルカ	削る
一八	四	二一		讃州の下に「渋」を加う
一九	三	一一	六	七
二〇	一	四	楠	孫
同	八	六	□	等
同	同	同	蝕虫	削る

頁	行	字数	誤	正
二一	六	四	所	御
同	一三	二一	也	之
二二	六	一〇	岩《マヽ》	岩
同	同	一一	野	邦
二三	一	七		願の下に「□」を加う
同	四	九	間	馬
同	七			「○五月十四日晴」を加う
同	一一	六	次	八
同	一二	八	間	馬
同	一三			「○五月十六日晴」を加う
二四	六	九	に而	今日

頁	行	字数	誤	正
二四	九	二七		条の下に「可」を加う
二五	四			「○五月廿一日晴」「○五月廿二日晴」を加う
同	五	二七		辰の下に「ノ」を加う
二六	四			「○五月廿四日雨」を加う
同	六			「○五月廿六日晴」を加う
同	一〇	一八	候	之
同	同	三〇	に而	々々
同	一一	・七	ゟ	今

頁	行	字数	誤	正
二七	七	三	関	関《マヽ》
同	一〇	八	発實	癸亥
同	同	一一	候	之
同	一二	三	敗《マヽ》	敗
二九	一三	七	守等	寺《マヽ》
同	同	二四		夜の下に「彼船」を加う
同	同	二五	組	船
三四	四		三	黒
三七	四	九	陳	陣
同	同	三〇	外	他
同	一三	二〇		町の下に「卿」を加う
三八	九	三〇	に	へ

頁	行	字数	誤	正
四二	五	一九		成の下に「り」を加う
四三	三	二七		無の下に「御」を加う
四六	一一	三	和	削る
同	同	三一	の	削る
五三	一〇		左	右
五五	一二	二二	見	水
五九	一三	一七	に	へ
六二	一二	一〇		掛の下に「り」を加う
六三	四	二九		半の下に「罷」を加う
六九	六	一一	後藤大久保	大久保後藤

頁	行	字数	誤	正
七〇	一三	一八	被召	今日
七八	三	一四	菟	兎
同	六	四	菟	兎
同	七	三	菟	兎
七九	八	一四		会の下に「す」を加う
八七	八	六	好	能
八九	二	九	□左	左
同	同	一〇	右右カ	合
九一	一三	二九	御	削る
九二	六	一二	製	制
九三	一三	三	暁	晩
九六	一	四	羽	削る
九八	一	九	六	三

頁	行	字数	誤	正
九八	一一	三		昨の下に「夕」を加う
九九	六	一四	と	其外ニ
一〇一	二	五	へ	削る
一〇二	五	二		一の下に「御所より」を加う
一〇四	五	四	出《マヽ》	出
一〇五	五	一七		ての下に「為」を加う
一〇七	九			「○六月廿六日晴」を加う
一〇九	九	六	に	削る
一一〇	一	一五	より	大木
一一三	八	二二	天	大

頁	行	字数	誤	正
一一五	一二	二六		伺の下に「相」を加う
一三五	一一			「○九月廿五日晴」「○九月廿六日夜雨」を加う
一三六	三			「○九月廿九日風雨」を加う
同	八	一一	田	多
一三八	五			「○十月十二日陰」「○十月十三日晴」を加う
同	七			「○十月十五日晴」「○十月十六日雨」を加う

頁	行	字数	誤	正
一三九	七	六	通	道
一四二	四	一九	松	杉
一四七	九	二四	た	多
一四八	七	一九		繫の下に「船」を加う
同	一一			「〇十二月十九日陰」「〇十二月廿日小雨」「〇十二月廿一日雨」を加う
一四九	四			「〇十二月廿四日雨」を加う
一五一	一一	六		日の下に「夕雨」を加う
一五三	七	一五	伺	向
同	一一	二八		中の下に「下」を加う
同	一二	一九	候	ㄹ
一五四	三	三一		索の下に「番」を加う
同	七	二六	為	相
一五六	一	九	詰	誥
同	同	二五	り	削る
同	一三	一二	伺	窺
同	同	一四	節	筋
一五七	一一	二一	の	削る
一五八	三	二八	斯事	事期
同	八	二八	に	江

頁	行	字数	誤	正
一六一	四	一七		行の下に「夜」を加う
一七三	二			「○三月朔日」を加う
一七四	三			「○三月五日」を加う
一七七	三	三	藤	東
一七九	一〇	七	寺	平ﾏ
一八七	六	一三	出	参
一八九	一〇	一〇	町	丁
一九〇	一〇	一一		浜の下に「其外」を加う
同	一一	三一	判	副
一九一	一一	二三		付の下に「先」を加う
一九二	九	一八		議の下に「事」を加う
同	同	一九	之	削る
一九三	六	六		日の下に「晴」を加う
同	一一	五		「四月」を加う
一九四	四	二三	都	師
一九五	一	二四	書	画
一九六	一	三一	談	話
二〇〇	一三	一一	寺	削る
二〇二	八	八	仕	削る
同	九	八		付の下に「府」を加う

頁	行	字数	誤	正
二〇六	一一	六		事の下に「副知事」を加う
二〇八	九	八		礼の下に「回」を加う
二一一	四	一三	輔	削る
同	九	二〇	議	儀
二一二	一三	一四		寛の下に「話」を加う
				右傍注を削る
二一三	一	七		日の下に「晴」を加う
同	五	五	時	字
同	同	一一	耶	邪
二一四	一三	七	太	五

頁	行	字数	誤	正
二一五	一二	二二	に	へ
二一六	一二	一二	幡	藩
同	一三	二八	報	越
二二〇	八	一五	時	字
同	一三	一六	時	字
同	同	一七	退	削る
二二一	二	一三	四時	三字
二二三	五	一五		事の下に「公」を加う
同	同	三一	州	洲
二二七	一一	二	今	朝
二二八	八	六	召	食
二三〇	三	一	御	卿
二三三	五	三	分	今

頁	行	字数	誤	正
二三六	一二	一二	時	字
同	同	二九	時	字
二三八	五	一七		相の下に「両公」を加う
二四一	八	二二		時の下に「出」を加う
二四二	四	二四	寓	宅
二四三	六	一七		言の下に「殿」を加う
二四六	五	二〇	参	来
同	一二	二二	壹	豊
二四九	四	三〇	時	字
同	六	一三	議	儀
二五四	九	五	使	便

頁	行	字数	誤	正
二五四	一〇	一六	紙	帋
二五六	二	一二	戸	道
同	同	二六	遠乗	乗遠
同	一三			削る
二五七	一—六			削る
二五九	四	二二	部	吉
二六三	五	五	聞多	村田
同	八	七	今夜	高杉
同	同	三三	戸	道
二六四	五	一四	部	吉
二六五	八	二一	出	失
同	一一	二七	部	吉
二六七	一〇	三一	之	へ
二六八	五	一三		置の下に「之」を

頁	行	字数	誤	正
				加う
二六九	三	八	町	丁
同	八	四		被の下に「為」を加う
同	一一	四	時	字
二七二	一〇	二三	議	儀
同	一二	二八	議	儀
二七四	一〇	一七	候	之
二七六	二	二六	時	字
二七八	三	一五		御の下に「発」を加う
同	同	一六	喪	削る
同	七	一一	上段	小所
二七九	六	一一	時	字
二八一	四	一一		への下に「行」を加う
同	七	一七	木	来
同	九	九	夕	削る
二八二	二	一〇		薄の下に「暮」を加う
二八五	二	一四		帰の下に「宅」を加う
同	六	一		相の上に「見分」を加う
二八八	一	一一	江	へ
同	六	一六	処	所
同	一二	一〇	ゟ	より
二九一	一一	七	朝	内

頁	行	字数	誤	正
二九三	一三	二四	伊	い
二九六	一〇	七	難	雨
三〇二	九	一一	宿	出マヽ
三〇四	五	一	□	□
三〇五	一二	四	伊	い
三〇六	一一	五	助	介
三〇七	一一	三	前	荷
三〇八	六	一二	和智	木梨
同	八	二四	藩	坂
同	一二	九		之の下に「難相整ニ付、内海大参事段々心配呉候得共」を加う
三〇九	六	三〇	時	字
三〇九	七	一七	喜	善
同	九	八	時	字
同	一三	一四		察の下に「等」を加う
同	同	二九	時	字
三一〇	一三	二〇	時	字
三一一	二	二五	江	を
同	七	二五	退	隊
三一二	九	三	退	隊
同	一三	一九	時	字
三一四	五	一五	小	北
三一五	二	四	六	七
同	四	一四	田	夕
三一六	六	八	熖マヽ	熖

頁	行	字数	誤	正
三一六	一三	一八	田	夕
同	同	二六	太郎	吉之
三一七	一一	一〇	大	太
同	同	一九	谷□	吉拾
三一八	二	三	黒	墨
三一九	三	一二	太	大
同	六	一五	時	字
同	一一			「一健三召連登候事」を加う
三二一	三	三		卿の下に「宮」を加う
同	九	四	丞	允
三二五	一〇	一三	行	統
三二六	二	二八	江	之

頁	行	字数	誤	正
三二七	九	七	御	之
三二九	一一	九	れい	レイ
三三〇	二	一四	テー	ーテ
同	一二	五	兵部	平吉
三三二	一三	二四		郎の下に「等」を加う
三三三	九	九	右	相
三三五	一二	七		内の下に「夕三字退出」を加う
同	一三	九		堂の下に「公」を加う
三三六	五	七		日の下に「晴」を加う
三三八	一三	三		今の下に「早」を

頁	行	字数	誤	正
				加う
三三九	五	五	大	草
三四〇	七	六		二の下に「字」を加う
三四二	五	一〇		輔の下に「相」を加う
同	九	八	待ﾏヽ	待
同	同	九	招	詔
三四四	一二	一	便	使
三四八	四	一一	奠	典
三四九	四	二		日の下に「ゟ」を加う
三五八	九	一七	六	三
三五九	一一	三	招	弁
三六一	六	一	伺	向
三六二	一一	一五	丸	削る
三七三	一一	一一		りの下に「着」を加う
同	一三			「一夕米田大参事来話之事」を加う
三七四	二	一五	右	御
同	同	一九	議	儀
三七七	七	七		臣の下に「公」を加う
三七九	一一	九	喜郎	七次
三八二	四	二二	候	削る
同	六	三		閏の下に「十」を加う

頁	行	字数	誤	正
三八二	八	一九	トル	ルト
三八三	一〇	二〇		中の下に「幷」を加う
三八四	六	一	として	りの
同	七	三		閏の下に「十」を加う
同	一一	一二	時	字
三八六	三	八	相	為
三九三	六	三	知	分
三九七	六	九		平の下に「等」を加う
同	一〇	八	立に	会ニ
四〇一	一二	四	本	平
四〇四	六	二八	永	水
四〇六	三	六	祥	謂
四〇九	一〇	二		一の下に「一」を加う
同	一三	六		日の下に「曇」を加う
四一二	六			「一吉井弾正大忠事、同少弼被転任之事」を加う
四一四	七	一七	道	達
四一五	一	七		啞°
同	一三	三一		疎の下に「ん」を加う
四一六	一〇	八	折	析
四一七	一	二	木	水

頁	行	字数	誤	正
四一六	二	二七		管の下に「轄」を加う
同	三	三	之	御
四一九	一〇	一七	大	削る
四二〇	一	七	大和	源太
同	四	二四		而の下に「再」を加う
四二二	一二	一三		御の下に「所置御」を加う
同	同	一四	沙汰	決
四二四	六	三		事の下に「等」を加う
四二八	一一	三一		調の下に「ら」を加う
四二九	二	三	訴	窺
同	八			「〇十月十九日」を加う
四三〇	四	一一	談	断
四三一	四	六	才	歳
同	一〇	二八		之の下に「度」を加う
四三三	三			「一砲兵」を加う
四三四	一二	(割注)	藝	薬
四三八	六		昌	昇
四四三	八	三二		ゟの下に「其」を加う
四五三	一二	二四	宣	宜
四五四	五	四	人民	民人

頁	行	字数	誤	正
四五四	一一	一九	罪	罰
四五五	一三	二四	情	状
四五六	九	一四	器械	械器
四五七	二	二六	しく	くし
同	一一	一一	北	化
四五八	八	二二		職の下に「掌」を加う
四五九	八	二六	効	功
同	九	一	其	共
四六〇	二	三一	補	輔
同	一二	一〇	懸	形
同	一三	四	に	之
四六一	一〇	九		及の下に「ヒ」を加う
四六一	一二	二六		又の下に「候」を加う
四六二	五	一三	政	勢
同	一三	二〇	省	真
四六三	六	一八	易	重
同	一二	一	法	奉
四六五	一三	一三	貮	削る
四六七	七	一一	両	石
四七二	一〇	一〇		務の下に「本」を加う
四七三	一	五	秦	泰
同	四	一三	翰	簡
同	九	一二	評	商
同	同	一〇	己	已

頁	行	字数	誤	正
四七四	三	一七	紙	帋
同	五	二八	滋樹	樹号滋
四七六	六	二七	建	縣
四七九	八	一二		我の下に「ト」を加う
同	同	一四	要	用
同	同	三三	擾	乱
同	九	一三		保の下に「夕」を加う
同	一〇	一六		其の下に「国」を加う
四八〇	二	七	己	已
同	一三	八	チ	テ
同	同	二〇	の	に

頁	行	字数	誤	正
四八〇	同	二二		念の下に「々」を加う
四八一	二	二三	ち	テ
同	三	二二	チ	テ
同	四	二七	ペ	べ
同	五	七	ペ	べ
四八二	五	一〇	ペ	べ
同	同	一八	ポ	ボ
同	九	二一		のの下に「両」を加う
同	一〇	二八	し	削る
同	一三	一〇	チ	テ
四八三	三	五	キ	コ
同	同	二一	ピ	ビ

頁	行	字数	誤	正
四八三	四	九	ペ	ベ
同	五	三	ペ	ベ
同	九	八	ペ	ベ
同	一一	二二	ビ	ヒ
四八四	五	三一	因	自
四八五	五	一九		もの下に「予」を加う
同	一一	八	ンド	ドン
四八六	四	六	己	已
同	同	三二	宴	筵
同	六	一四	闔	割
四八八	四	三二	天	削る
同	九	二九		且の下に「ツ」を加う
四八八	一二	二二	府	務
四八九	一	一	列	例
同	二	二六	雖	云
同	三	六		且の下に「ツ」を加う
同	一〇	一九	固	因マヽ
四九二	五	一四	育	削る
四九三	五	二五	富	當
四九四	三		二百八十ケレイン	二百八ケレイン
四九六	七	九	｜	イ
同	同	二三	｜	イ
同	八	二二		分の下に「ノ」を加う
同	九	二八	ポ	ボ

頁	行	字数	誤	正
四九六	一〇	一六	ポ	ボ
四九七	二	四	ポ	ボ
同	同	一八	ポ	ボ
四九八	四	一四	両	金
五〇一	一一		兵庫税	一〇行目に移す
同	一二		長崎税	一一行目に移す
同	一三		新潟税	一二行目に移す
五〇六	一二	一七	石	両
五一〇	五	一八	ポ	ボ

尚お片仮名・平仮名等の相違はその儘とした。

廣《ひろ》澤《さわ》眞《さね》臣《おみ》日《にっ》記《き》

日本史籍協會叢書 177

昭和 六 年十一月二十五日發行
昭和四十八年十一月 十 日覆刻

編 者 日本史籍協會
代表者 森谷秀亮
東京都三鷹市大澤二丁目十五番十六號

發行者 財團法人 東京大學出版會
代表者 福武 直
一一三 東京都文京區本郷七丁目三番一號
振替東京五九九六四電話(八一一)八八一四

印刷・株式會社 平 文 社
本文用紙・北越製紙株式會社
クロス・日本クロス工業株式會社
製函・株式會社 光陽紙器製作所
製本・有限會社 新 榮 社